忆名家话晓寒

林良丰 主编

中国人民政治协商会议厦门市委员会
中国人民政治协商会议福建省厦门市思明区委员会 编

厦门大学出版社
国家一级出版社
全国百佳图书出版单位

图书在版编目（CIP）数据

忆名家话晓寒 / 林良丰主编；中国人民政治协商会议厦门市委员会，中国人民政治协商会议福建省厦门市思明区委员会编. -- 厦门：厦门大学出版社，2024.12
ISBN 978-7-5615-9339-4

Ⅰ.①忆… Ⅱ.①林… ②中… ③中… Ⅲ.①张晓寒（1923—1988)-纪念文集 Ⅳ.①K825.72-53

中国国家版本馆CIP数据核字(2024)第064852号

责任编辑	薛鹏志　陈金亮
美术编辑	李嘉彬
技术编辑	朱　楷

出版发行　*厦门大学出版社*
社　　址　厦门市软件园二期望海路39号
邮政编码　361008
总　　机　0592-2181111　0592-2181406(传真)
营销中心　0592-2184458　0592-2181365
网　　址　http://www.xmupress.com
邮　　箱　xmup@xmupress.com
印　　刷　厦门市明亮彩印有限公司

开本　720 mm×1 020 mm　1/16
印张　12.5
插页　2
字数　220千字
版次　2024年12月第1版
印次　2024年12月第1次印刷
定价　78.00元

本书如有印装质量问题请直接寄承印厂调换

《忆名家话晓寒》
编 委 会

顾　　问：薛祺安

主　　任：张善斌

副 主 任：张昭春

编　　委：陈向辉　张　兴　白丽城
　　　　　周光光　董　慧

主　　编：林良丰

编　　务：廖毅林　许武扬　张小梵
　　　　　伍昱丰　林坤灿

序

很多人在回忆人生经历的时候,除了祖宅、父母和儿时的玩伴,更多的是启蒙的先生。古人言,一日为师,终身为父。师者,传道、授业、解惑,许多的世界观,在那幼小的心灵上,是先生种植下的,那是真正的传统文化与善恶标准的教诲,是刻入心灵的民族烙印。

厦门是一座美丽的城市,城在海上,海在城中,四季如春的绿岛,散发着亚热带独特的地理气息;历史的际遇,使它较早地成为东西方文化撞击与交融的所在,成为海上丝绸之路不可或缺的支撑点;眼界、思维、理念、胆魄,赋予这座小城无比的魄力。文化的大交融,促进艺术领域的发展。从20世纪早期厦门美术专科学校的建立到中期厦门鹭潮美术学校的创建,无不是这一历史文化现象的折射与必然。这期间,涌现了许许多多艺术领域的璀璨人物,他们无私无悔,用毕生的精力,耕耘在这片土地上,用生命谱写可歌可泣的篇章。自20世纪50年代后,厦门涌现了一批致力于艺术与艺术教育的大家。我们至今耳熟能详的就有虞愚、罗丹、顾一尘、石延陵、杨夏林、张晓寒、王仲谋、高怀、林英仪、张人希等人,他们的艺术主张与成就是厦门一笔可贵的文化遗产。岁月如梭,如果让明珠蒙尘,那就是我们这一代人的过失。

在我们这片土地上,不乏各个领域的名人大家,更不缺乏文化艺术独到的建树者。当张晓寒先生独辟蹊径倡导鹭潮美术学校的办学方向转向践行工艺美术教育之时,就奠定了福建工艺美术教育的基石,从而保护、继承、弘扬了优秀的工艺美术非物质文化遗产。作为美术与工艺美术教育家,作为画家与社会活动家,张晓寒先生的人品与艺品为世所赞誉,诚如厦门市文联原主席谢澄光先生所赞誉的,"晓寒先生的人品与画品,堪称厦门文化艺术界的一面旗帜"。

张晓寒先生的风范,是当时厦门文化艺术界的一个缩影。将这一群体的真实面貌呈现于下一代,让后世真真确确感受到他们有血有肉的存在与杰出成就,是我们义不容辞的责任。厦门的历史不长,但厦门的文化底蕴并不薄,留存史迹,不致湮没,才能谈得上文化自信。

这是一个万紫千红的季节,满城的花树与绿植掩映,天风徐徐、海涛泱泱,海上丝绸之路上的艺术之城,正发出明珠般耀眼的光芒。

是为序。

林良丰

2023年10月30日

目 录

我们的老师张晓寒先生 ……………………………………… 林良丰/1

晓寒先生对艺校发展起到关键作用 ……………………… 张幼培/9

晓寒老师为艺校创造很多财富 …………………………… 郑起妙/11

回忆张晓寒先生 …………………………………………… 杨　胜/18

一代师表,真情千古在 …………………………………… 林　生/34

感念张晓寒 ………………………………………………… 葛自鉴/43

"一管到底"的教育家 ……………………………………… 邱祥锐/47

晓寒老师和我亦师亦友 …………………………………… 陈伯钦/52

我与晓寒老师的情缘 ……………………………………… 马心伯/56

春风化雨心系学生 ………………………………………… 卢　乾/62

晓寒老师为工艺美术事业奉献一生 ……………………… 白　磊/70

宠辱不惊,文人风骨 ……………………………………… 张尚伟/75

恩师赠我一幅画,当作新婚贺礼 ………………………… 陈杰民/81

师恩永在,润物无声 ……………………………………… 何丙仲/85

晓寒老师的艺术理念深深影响了我 ……………………… 苏宜尹/92

忆张晓寒先生二三事 ……………………………………… 王耀立/97

恩师教我走出阴霾,直面人生苦乐 …………………………… 张小梵/100

笔墨里的文人风骨 ………………………………………………… 黄曾恒/105

老师的"改画"理论,我记了一辈子 ……………………………… 曾华伟/112

师表风范,惠人一生 ………………………………………………… 周　煜/117

德艺双馨堪敬仰,师表风范泽后辈 ……………………………… 林良丰/123

怀念与老师同吃同住的日子 ……………………………………… 曾连端/140

晓寒老师是我的艺术领路人 ……………………………………… 廖毅林/146

张晓寒先生年谱 …………………………………………………………… 153
后　记 ……………………………………………………………………… 191

✻ 林良丰

我们的老师张晓寒先生

生于乱世　流亡求学

　　张晓寒先生,1923年1月21日出生于江苏省靖江市东区六助乡万尊埭祖居地,当时军阀混战,民不聊生,民族苦难深重。先生出生未满三个月,其父亲张益三便因病去世,先生自幼跟随母亲孟氏及胞姐张秀芝艰难度日。由于靖江紧邻无锡,故先生小时候就醉心于无锡惠山泥人,常于课余时摆弄、捏制泥人,对美术产生浓厚的兴趣。抗日战争爆发后,继父裴士忠因抗战被日寇杀害,先生便随胞姐流亡武昌、西安等地。十六岁时,胞姐张秀芝不幸病故,先生只身由西安步行至安康,就读于专门收容战区流亡学生的陕西中学(后迁阆中,更名为国立四中)。在中学时代,先生与唐献瑞、卜忠汉、李婉等同学发起成立"始创画社",用漫画、木刻等绘画形式积极参加剧团演出,投身于民族解放运动,宣传抗日救亡。先生亦在此时选择艺术作为人生志向。

　　1940年,先生闻知国立艺术专科学校于重庆招生,便约同几个热爱艺术的同学由阆中徒步至重庆,路上风餐露宿,终于如愿进入国立艺专青木关战区的学生预备班学习。1941年考入位于四川璧山县(今重庆市璧山区)的国立艺术专科学校国画系,受教于吕凤子、潘天寿、李可染、陈之佛、黄君璧、傅抱石等名师,尤其是吕凤子、潘天寿的艺术思想与画风深刻地影响着先生,奠定了先生以线为主、删繁就简的艺术风格基础。其时,先生致力于人物画的创作,亦旁及山水、花鸟画,同时研读了大量的古典文学作品,尤受杜甫、陆游、辛弃疾那深沉朴素的诗风和忧国忧民的精神品格的影响。于国立艺术专科学校就读时,由于生活极端困难,为了维持生计和购买学习的必需用品,先生勤工俭学,担任校外小学的美术教师。

1943年12月,先生离开国立艺术专科学校,由重庆取道三台、剑阁、广元入陕,经汉中、宝鸡抵达西安,沿途流浪写生,靠卖画维持生活。于西安时,经赵望云先生介绍,任教于户县化羊庙的陕西省立户县师范学校。学校设在破庙中,四壁通风,连基本的教学用具都十分短缺。先生亲自动手制作几何石膏教具,在兼任教务工作的同时还教授国画课,全身心投入美术教育之中。

为了能学习敦煌的民族瑰宝,1945年春,先生先后于西安、兰州举办"张晓寒画展"筹措经费,还沿途卖画,朝圣敦煌。先生被敦煌的佛教艺术深深地震撼。由于当时局势混乱,谋事艰难,为了探究佛教的精妙奥义,先生由敦煌返西安后,遂于西安大雁塔慈恩寺为僧,在研习佛经之余亦作画不辍,直至抗战胜利后重返靖江故里。

生于乱世,少小流亡,先生饱尝生活的艰辛和世事的炎凉,师名师、师造化,步入艺术的殿堂,这些丰富的经历磨炼了先生的顽强意志,民族的苦难激发了先生的爱国热忱,冥冥之中也让先生走上了从事艺术报效祖国的人生道路。

南来执教　倡办工艺

中华人民共和国成立后,经时任司法部部长史良的推荐,先生于1950年9月赴北京,任职于政协全国委员会秘书处文化俱乐部。1953年,当得知杨夏林先生在厦门创办鹭潮美术学校并缺乏师资时,他遂主动放弃北京优越的工作条件和生活环境,南赴厦门执教,为厦门市乃至福建省的工艺美术教育事业贡献出毕生精力。

厦门鹭潮美术学校位于厦门鼓浪屿的八卦楼,是20世纪50年代厦门创办的第一所美术院校。学校初创,教学设施简陋,生活条件极其艰苦,八卦楼更是满目疮痍。先生毫无怨言,以校为家,不仅在教学上倾注心力,而且在学校建设上,同杨夏林、李其铮等人四处筹措办学资金,使学校得以正常发展。先生鉴于闽南民间工艺的历史悠久、积淀深厚,也出于对学校生存及发展的考量与规划,于1955年率先提出把学校办学方向由单纯美术教育转为工艺美术教育,这一符合社会实际需要的办学方向得到了上级有关部门领导的支持。这一转变,不仅救活了鹭潮美术学校,也奠定了福建工艺美术学校的创立基础。这个阶段,先生亲自教授工艺美术课程,如泥塑、泥偶头、纸脱京剧脸谱等专业,同时还走访了闽南一带工艺美术行业的有关艺人,聘请了厦门著名彩扎老艺人柯石头、漳州泥偶老艺人徐全、漳州石码木偶头雕刻老艺人许盛芳、漳州泥塑艺人蔡福祥、漳州木偶头雕刻艺人徐年松、泉州刻纸艺人徐耀昆等人来校辅助教学,并建立了工艺美术实习工场,深入汲取民族民间传统工艺精髓,开展工艺美术创作教学工作。厦门的竹编、木偶头、泥偶头、彩塑、瓷塑、木雕、漆器、漆线雕、戏剧用具、刻纸、抽纱刺绣等传统工艺也因此而得到全面发展。

先生在致力工艺美术教育、建立工艺美术实习工场的同时,亦关注福建瓷器的生产恢复与实际应用。他数度奔赴德化、磁灶,了解古窑址的分布与保护情况,研究德化瓷的发展历史、工艺特色及在现代的创作应用,特别是德化瓷在生活用具上的应用与设计,亲自绘制了许多器具造型,同时,鼓励学生扎根德化,为德化瓷器的发展做出贡献。

1959年,晓寒先生组织制作的工艺美术品,如漆线雕《郑成功收复台湾》、戏剧用具《龙凤万寿灯》等一大批新创的作品参加"国庆十周年全国工艺美术作品展",获得了巨大的成功,好评如潮,周恩来总理以"福建第一"来评价这次展览,毛泽东主席以"福建是有文化的"、朱德元帅以"巧夺天工"来评价福建的工艺美术展馆,郭沫若先生还亲自接见了福建馆的布展人员。先生带领杨胜先生为北京人民大会堂设计德化瓷餐具、布置北京人民大会堂福建厅,受到了各级领导的重视。

在先生的倡导及全校师生的共同努力下,面临危机的学校焕发生机,厦门工艺美术学校正式成立,其附属的校办工艺美术厂亦转变成为全省唯一的综合性工艺美术厂(即后来的厦门工艺美术厂)。为了适应改革开放的新形势,促进厦门工艺美术事业的发展,1981年夏,先生积极献策献力,协同林素娟等人筹划、组织成立了厦门工艺美术学会,为全市工艺美术行业和工艺美术工作者创造了学术活动与技艺交流平台,使厦门的工艺美术事业蒸蒸日上。厦门工艺美术学校后来改名为福建工艺美术学校(现为福州大学厦门工艺美术学院),目前福建省的许多工艺美术大师、工艺美术设计师、工艺美术骨干力量都是在这个时期培养出来的。

先生是福建工艺美术学校的奠基人之一,是福建现代工艺美术教育的倡导者与实践者,他为保护、继承和发展福建民间工艺,培养工艺美术人才,发展厦门工艺美术事业,做出了巨大的贡献。

教书育人　师表风范

晓寒先生从事工艺美术教育30余年,用他的话说是"海上花园的一位老园丁"。他几十年如一日,对学生孜孜不倦地教诲,循循善诱,授业解惑。先生主张真善美的品格修养,主张教书的目的在于教人,他反复强调"心正然后身修",只有排除私心杂念,才能谈得上行为作风方面的修养和提高。先生身体力行,言传身教,处处起到楷模的作用。

先生反复强调:"画意实属艺术之魂","中国画重视对大自然的体验,对精神境界的追求"。他总是教导学生树立正确的人生观与艺术观,教导学生不仅要探究艺术的真谛,还要博采众长,注重各学科知识的汲取,多读书、多思考、多动笔,开拓胸襟,提高眼界,做对社会有所为的人,"先天下之忧而忧,后天下之乐而乐"。先生执教数十年,积累了丰富的教学经验,却坚持每堂课都认真备课,从教案到讲义,无不反复研究,力求完善。先生绘制了数以百计的教学示范图,在课堂上更是亲笔示范与理论讲授并举,深入浅出地阐述艺术的奥义。他不顾年高体弱,经常带领学生深入生活,体验生活。作为学校国画教研组的学科带头人,先生不断研究、总结、完善教学方法,并赴上海、西安参与编写全国中专山水画教材。先生生活简朴,安贫乐道,对学生要求严格,真情爱护,不仅关心他们在校的成长,还关注他们毕业后的工作与生活状况,继续为他们释疑解惑。几十年来,先生的鸡山草堂成了学子们继续求知的场所。"桃李不言,下自成蹊。"先生教育出来的学生,如今遍布在全国各地,他们秉承先生的教导,在各自的岗位上努力工作,各有建树。

先生以传播优秀的民族文化为己任,利用出差、采风、开会的机会,深入山区、工厂、矿区,举办学术讲座,示范山水画技法、阐述国画要义,热心辅导各地的美术爱好者。他把美术教育从校内带到校外,服务于社会。

改革开放以来,先生对教育事业、对福建工艺美术学校的建设和发展,倾注了更大的热情,为厦门大学筹办艺术教育学院献策献力。在福建省第六届人民代表大会会议上,他递呈了《关于复办福建工艺美术学院的提案》。先生作风正派,敢于直言,对不利于教学,不利于学校正常发展的事,从不保持沉默,并多次陈书有关部门,阐述其办学办校的意见,无怨无悔,为福建省工艺美术教育的发展尽心尽责。

张晓寒先生(右)与谭南周先生

1982年5月晓寒先生(左二)回到阔别近四十年的四川,与老同学唐献瑞(右二)在宜宾

高尚品格　艺坛楷模

晓寒先生热心社会公益事业,积极推动美术与社会需要相结合,以无私奉献的精神和行动,促进厦门美术事业的发展。"文化大革命"期间,先生顶着巨大的压力,极力维护美术界同仁和学生免受牵累。他虽然饱受折磨,却不怨天尤人,从不提这些因历史原因而造成的不愉快往事。他以饱满的热情服务于社会,积极协助厦门市文联,联系美术工作者,筹备成立厦门美术家协会,并被推举担任厦门美术家协会主席,主持并承担厦门美术家协会的日常事务工作。他以厦门美术家协会的发展为重,广泛团结各个画种、各个单位的美术工作者,根据各专业的不同特点,制订切合实际的工作计划与学术研讨方案,使厦门美术家协会成为广大美术工作者的家。先生在省市人大、政协会上,在各级宣传文化工作会议上,积极进言,反映美术工作情况,宣传美术对城市建设发展的重要性,呼吁各级领导重视美术工作。他联合其他艺术家提出议案,要求尽快成立厦门画院和美术馆,促进厦门美术事业的发展,提出厦门应创立自己的画派,成立美术工作室,开展学术研究,以提高厦门的艺术水平。先生极力鼓励厦门美术家协会会员深入社会、体验生活,创作出无愧于这个时代的优秀美术作品。他组织发动和指导会员进行美术创作,并极力推荐优秀的作品参加省级和全国美展。他发动并主持厦门老中青艺术家的个展、联展,使厦门美术家协会活动开展得有声有色。先生还积极促进厦门美术家协会与外地美协、画院的联系,请进来,走出去,增加厦门与省内外的美术交流,扩大并提升了厦门美术在省内外的知名度。

先生还多次赴同安关心指导同安农民画,举办美术讲座指导厦门的中学美术教育,组织艺术家慰问驻厦部队。在厦门书画院的建设上,先生从起草报告、借用场所、制定章程到安排人员、制订工作计划等方面,一直协助、配合市文联等有关部门,倾注了极大的热忱和努力,使厦门书画院得以顺利成立。先生对书画院的成立起了重要作用,书画院成立后,他只挂职一般画师。

20世纪80年代初期,先生受厦门市文联委托,主持厦门国际机场候机楼壁画的总体设计。他组织我市老、中、青三代画家设计最能体现厦门特色、装饰效果最佳的美术作品。他不仅采用德高望重的老艺术家作品,也采用初出校门的年青艺术家作品。他把这一工作看作有益于社会的任务,而不是自己获取名利的机会。他不采用自己的作品,也不收取报酬,把这种机会让给了其他艺术家。他参与了北京人民大会堂福建厅的装饰设计工作,受到中央领导的好评。他为厦门第一家宾馆鹭江宾馆、厦门大学陈嘉庚纪念堂、郑成功纪念馆、陆军疗养院、南普陀寺接待厅等重要场所不计报酬地作画。先生在身患重病时,仍继续为美术事业奔忙,风雨无阻地为厦门老年大学国画班的学员上课,亲自主持工人画家陈伟堂的画展开幕式,参加厦门美学会召开的厦门名景研讨会、厦门青少年宫美育中心成立典礼、厦门青年国画展、厦门白鹭书画社、团市委"百米素绢悼先烈"等活动,为王仲谋先生赴三明办画展撰写前言、为厦门残疾人福利基金会残疾人艺术协会献画,并与厦门市群众艺术馆馆长郭秀治同志一起策划、编辑、出版了厦门第一本书画集《厦门书画》,在病榻上为前来求教的老年学员批改作业,并安排他的学生接替他为老年大学上课,与前来探望的谢澄光先生商议厦门美术家协会的换届工作与活动安排……先生为厦门的美术事业殚精竭虑。

尺幅丹青　永垂史册

晓寒先生在艺术创作上继承传统、勇于创新,创作了一大批风格独特又具有鲜明时代精神的作品,影响了厦门乃至福建的一代画家。

先生的山水画,追求从内容到形式的民族化。他汲取中国传统文化和民族绘画语言的精髓,对历代画家、画作做了系统的分析研究,以积极进取的精神状态进行艺术思考和实践,以真诚灼热的感情亲近生活和自然,与时代同呼吸,与人民共忧乐。先生遵循"外师造化,中得心源"的创作方法,几

我们的老师张晓寒先生

十年如一日,从不间断到真山真水里去体验,足迹遍及川黔陕桂、江浙皖赣、滇陇湘鄂,饱游饫览,积累了丰富的创作素材经验。他从不间断地对古典文学诗词、画史画论和其他艺术门类的研习,在音律、戏曲、工艺美术以及禅学等诸多方面,广征博采,积蓄了深厚的知识学养,这使他对诗意画理领悟更深,意境的营造和发掘更充分。可以说,他具备了诗心慧眼,能在极平凡的自然景观和生活场景里品味出诗情画意,构现出新的意象、新的表现方法,使作品境界高深、意味隽永。如《雪里芭蕉》描绘远处是积雪的峰岭,近处是两椽农舍,屋旁的芭蕉冲风迎雪,翠竹与红梅争红斗绿,在冬天的景象里,孕育、透露出春天的气息,既体现了大自然的生机盎然,也表达了先生乐观向上的思想境界。又如《壁立万仞》,顶天立地、坚实厚重的山岩与挺立峰巅的古松,显露出一股凛然正气,表现了坚贞不屈的人格力量。先生的画即使山险水滞,也流露几分温馨,又见柳暗花明。他在"文革"期间所创作的《屈子行吟》《坐看云起》,以及重沐春风所作的《解冻图》《大地回春图》等,表达了先生在逆境中仍充满理想、对美好未来的热切向往和信心。先生创作并题写画幅的诗句无不充满真情实感、生动自然,与他简练畅达的笔墨水乳交融、相得益彰,堪称诗画合璧的佳构和典范。先生作画,有时灵感迸发、纵情挥洒,有时冷静构思、周密营构,虽然大刀阔斧、挥写自如,却又含蓄蕴藉、形神兼顾。他把握景物的主要特征,大处落墨,寥寥数笔就构出主体气势,即使笔墨不多,也已骨肉匀停。先生铿锵利落的中锋用笔,力透纸背,老辣苍润的墨线长短相济、动静相生,极富节奏感和质量感。在极简练的笔墨框架内,融入极丰富繁复的渲染,墨、色、水层层递进,重重堆渍,异常滋润浑厚,空灵松动。其墨色的浓淡干湿、墨点的虚实疏密、空白的大小位置均能恰到好处。其画作呈现出一般山水画所达不到的意境,氤氲之气扑面而来。先生构图造境围绕主题立意,摄取大自然中最精彩动人之处,并全力烘托渲染这一特定的气氛,营造一种既贴切自然,又令人心旷神怡的时空氛围,使观者如置身画中,领略奥妙无穷的"畅神"境界。

先生的画,手法是多样的,风格是统一的,既不蹈前人蹊径,也不重复自己。他的画大到九米巨制,小至咫尺小品,青绿、水墨各有新意。大幅如《嘉禾第一名刹》,结构严谨,虚实相生,潇洒灵动;小幅则有时顷刻而就,有时颇费点染,大都奇拙空灵,看似不经意,实乃最经意,这是先生驾驭笔墨达到高度娴熟自由的结果。先生热爱新时代,热爱新生活,尤其对他所钟情和熟悉的八闽山川情深意长、潜心揣摩。他与厦门山水,可谓神遇迹化。他的艺术

忆名家霜晓寒

表现手法脱胎于八闽山川、脱胎于厦门的峰石草木,可以说先生的山水画艺术得益于厦门、完善于厦门并作用于八闽。他创造出一系列表现现实题材的成功技法,如《采石图》《虎溪月夜图》《大王峰》《海堤图》《热风暖浪》《英雄山下》等画作,都极具乡土气息和福建的地域特征,拓展了传统绘画的审美视野和表现领域。

先生的画风融极简与极繁于一体,刚柔相济、阴阳相生而别开生面、独树一帜,他的作品显露出激昂奋发的时代感和浓烈亲切的现代生活气息,蕴藏着蓬勃的生命活力,呈现刚强壮美的气派。先生注重画面整体风格和谐,落款钤印极具匠心,长题短识、分红布白均深思熟虑,成为画面不可分割的部分。他的款字结体方正,略带篆意又融合行隶,横竖点捺错落有致、顾盼生情,字里行间有如珠玑跳荡、欹正相生,更增添画面的风韵神采。

中国传统文化历来注重精神内涵,人品与画品的一致是我们民族优秀艺术家共同的特征。先生正是这样一位画家,他为人刚正磊落,一生淡泊明志,即使是在十年浩劫中身陷囹圄,他对艺术、对人生的追求丝毫没有动摇。先生的山水画艺术,映射着先生的坚质浩气和高韵深情。心明、思远、情深、意切,赖于他的高尚品质、深厚学养和丰富的人生阅历,他用自己的独特语言诠释着人生与艺术的真谛。

晓寒先生无私奉献的精神和高尚的人格魅力,堪称厦门美术界德艺双馨的楷模。先生虽然去世近20年了,然而厦门美术界等各界人士依然深情地怀念着他。

2022年11月修订

✳ 张幼培

晓寒先生对艺校发展起到关键作用

我是工艺美校的学生,师从杨夏林。虽然和张晓寒老师没有直接的师生关系,但在学校里,我也会去观摩他的创作。当时张老师和杨老师的风格都很明显,一个潇洒,一个画实。

离开艺校之后,我参军入伍,从连队到师部,最后进入北京铁道兵总部当美术创作员,走遍大江南北,画完就展。与张晓寒老师的交往不多,情谊却一直都在。

张晓寒是一个极有社会影响力的人,核心的关键在于他对艺校的贡献。

张晓寒是个头脑灵活、直觉敏锐的人。20世纪五六十年代,学校还是鹭潮美术学校的时候,培养的人才定位在绘画方向。学生毕业走入社会后,能够承接的专业岗位少之又少。在那个时代,单纯的绘画作品鲜有需求,一方面是大多数人的工资不高,另一方面,就算是去摆摊卖画,这种"风花雪月"的产物,人们连看都不敢看。

为了破解毕业生就业难的问题,张晓寒提出了学校要向工艺美术方向发展的建议。张晓寒的专业与工艺离得很远,看似有关联,但其实是两码事,一个偏向情怀,一个更重实用。"半路出家"的张晓寒仍然依据学校的需求,提出了相应的解决方案,这是极不容易的。

更难能可贵的是,为了办好学校,张晓寒亲自去物色各种人才,找了许多工艺界的老师傅,甚至连招牌店的老板他都给找来了。这些老师傅都是有真本事的,在很大程度上解决了学校没有工艺作品和师资的问题。可以说,张晓寒先生对工艺美院的发展起到了十分关键的作用。

张晓寒的成就和苦难都萌发于这所他心中所系的学校。在那个纷杂繁乱的年代,大家都不可避免地被拖入历史的泥潭。张晓寒、许霏和杨夏林三位老师都曾荣耀过,但在特殊年代荒废了好几年。不管什么样的苦难,他们三个人在这些问题上一点私心都没有。

当年许霏本来是想尽自己的努力保护两位老师的,但迫于压力没能成功。在反右派斗争中,杨夏林的"右派"材料是陈志宏写的。杨夏林可以说得上是他的恩人。当时陈志宏家很穷,为了让他读书,杨夏林帮他免除了学费。

杨夏林被打成"右派"之后,张晓寒随即也进入了被批斗之列。听说当时这两个人落难的时候,没有人敢与他们接触,但是我依然保持对他们的态度不变。有一年,张晓寒到北京,我还接待了他。当时他十分困难,虽然他什么都没有说,但是我想,那时他是想到北京谋求出路的,只不过最后没能达成心愿。

"文革"后期,我到了厦门,我们偶有接触往来。但那时的张晓寒十分忙碌,社会活动特别多。我们见面的时候,张晓寒仍然保持着对他人的尊重和客气。

现在,几位老师都离我们而去,我们依旧以自己的方式纪念他们。我的工作室一直挂有三位恩师杨夏林、张晓寒和许霏的画像。2009年9月9日,为了怀念感恩杨夏林和张晓寒,我与杨胜、叶德昌、郑起妙、邱祥锐、丁朝安、陈天印、陈宗海、熊海等9位老校友一起创办了"松林社",传承两位恩师的精神,交流艺术心得。

采访:许武扬
整理:谢晓婉
时间:2022年
地点:张幼培寓所

✳ 郑起妙

晓寒老师为艺校创造很多财富

我是永春人，1952年考入鹭潮美术学校才来到厦门。考入艺校之前，我是初中生。当时我哥在上海美专，我对美术也十分感兴趣。本来我在永春一中念书，因1949年参加宣传队错过了开学季，只能转到永春第三中学就学。

有一天，我们学校门口围了很多人。我挤进去一看，看到有个树叶编成的宣传栏，上面像连环画一样的画着几幅画——那是我们美术老师画的《地瓜大王》。那个时候，我像发现新大陆一样，第一次知道美术作品也能这样宣传。因读书底子不好，我就决定初中读完不读高中，直接去学美术。

我和同学一起考上了上海美专。不巧的是，1952年学院调整，上海美专和杭州美院合并，我只能回来。很意外很幸运的是，我听说厦门有美术学校要招生，就赶紧报名了。

当时，鹭潮美术学校刚刚创办，吸引很多人报考，我还记得当时入学考的是素描。入学后，学校根据学历基础把课程分成三年制、五年制，第一届就招收了将近200人，直到三年后才招收第二届学生。

我们这一届的学生很多是从漳州、泉州来的，也有一些是本地的厦门人。在家乡的时候，我们很少看到什么画家，更不用说好的画册，只是一门心思地想画画。

鹭潮美术学校创办初期，条件极其不好，我们都住在八卦楼的地下室，一下雨都在漏水，但我们都不去计较。因为我们能够遇到好的老师。这些老师分别是从重庆国立艺专、上海美专等校来到厦门的，我们对他们都十分尊敬。后来，我们听说北京要来一位老师，叫做张晓寒，是在政协全国委员会秘书处文化俱乐部从事美术工作的。当时我们什么都不懂，就觉得从北京来的人一定很了不起。

忆名家话晓寒

张老师到学校后,也住在八卦楼里。有一次我们跑到他的宿舍,发现他住的地方非常简陋,就床上铺一张草席,没有什么像样的家具。宿舍的墙上挂的都是画,就连画桌上也摆着很多的画,满满当当的。我们也看到了张老师的画,只有简单的几条线条,感觉很有气势。

就在我们看得入迷的时候,张老师来了。当时是夏天,张老师就穿着一件像文化衫一样的衣服,手里还拿着一把扇子,看到我们,就对我们说:"好!好!好!要用功学习,好好学习。"

这是我们第一次"闯"进张老师的房间。再后来,同班同学杨胜就住在张老师的房间里,我们的胆子就变大了,经常借着去看杨胜,实际上就是去看张老师画画。杨胜是张老师"收留"的,他是初中毕业后进入鹭潮美术学校的,被学校知道后认为违规要他退学,但张老师惜才,便留住了他。张老师也不管是不是他的学生,总是热情地接待我们,让我们在旁边看他作画。那段时间特别幸运,慢慢地也看懂了张老师的画。

20世纪50年代张晓寒与学生在一起

创业初期,鹭潮美术学校的教师过得十分艰辛,凭着一腔热血教授学生。他们离开了北京、上海、重庆,到这里的时候连拿个工资都很困难。而且,当时北京已经通电了,厦门的条件依旧很差,每天都在点蜡烛。早期也没有自来水,老师们会跟我们去井里打水洗漱。后来,通了水电,学校因没有钱缴交水电费,也经常停水停电。以张老师的能力,如果不是为了培养美术人才,他是不必要放弃原来的优厚条件来到这里的。我们也常常能看到他去食堂打饭,然后到地下室的走廊上和我们一起吃。我还记得当时一个月的伙食费是9元,也就是一天3毛钱。

张老师到了鹭潮美术学校之后,给学校增加了很多财富。他是一位很擅于跟别人沟通的人,非常热心,广交朋友。他从外地过来,人生地不熟。但来了不久,便结交了张人希、罗丹等艺术界的名人,很快和他们熟悉了起来。这些老师也成了学校的名师资源,偶尔也会给学生们上上课。此外,张老师也会结交一些企业家。在杨夏林老师和张晓寒老师的努力下,厦门的一些企业家成了学校的董事,他们甚至还说动亲戚一起组成学校董事会,投资办学,从而解决了老师的工资问题,帮助老师维持生活。

晓寒老师为艺校创造很多财富

鹭潮美术学校第一届毕业同学暨老师留影

（第二排右起第五人为张晓寒先生）

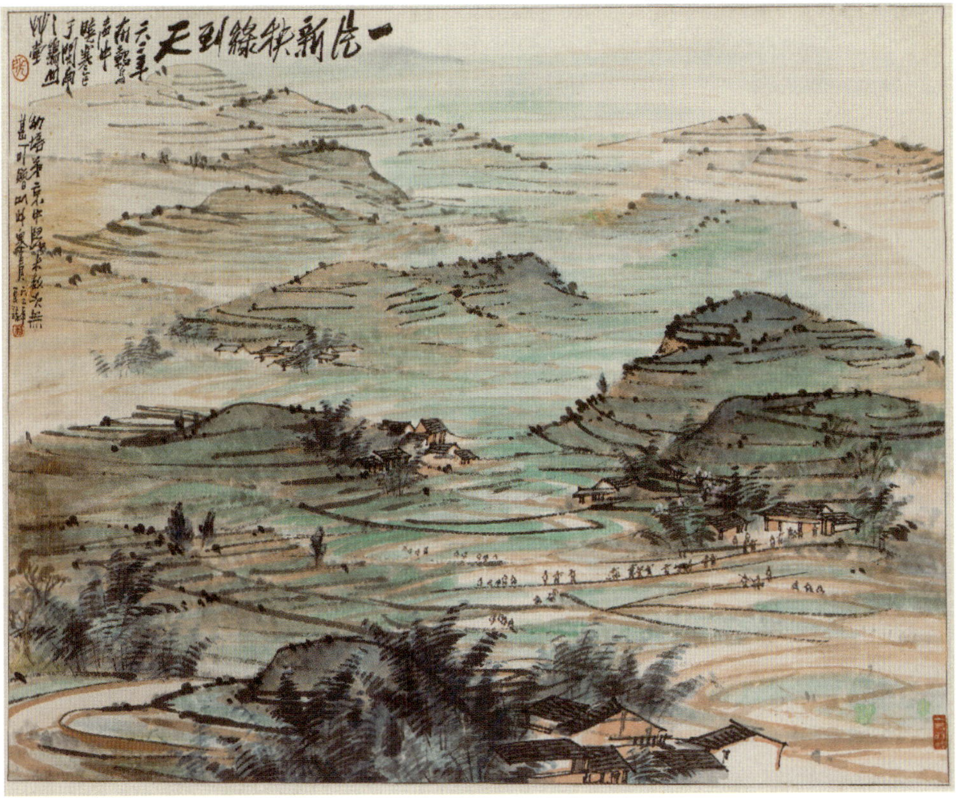

一片新秧绿到天

（张晓寒作）

忆名家话晓寒

初期鹭潮美术学校的办学方针是培养美术工作者,只有绘画专业,学习的科目包括素描、色彩、中国画、图案、美术字等,此外,我们还要学语文、俄语等基础课程,毕业了就创作宣传画。

我们这一届的学生,毕业后基本上找到了自己的发展方向。有人继续升学,考入专业美术学院及厦门大学、华东师大、华东政法学院等;有人去了新闻媒体,像厦门日报、福建日报以及新华社等;还有一些人去了文化馆、出版社等单位。后来,同学们在自己的领域各有建树。

1954年毕业时,刚好遇上福建团委号召大中专毕业生修铁路。作为团支部书记以及入党积极分子,我就响应号召去当铁道兵,也得到锻炼。直到1956年,我才去了上海戏剧学院,1965年留校当老师。

上山下乡的时候,我回到了永春,在山上的大队劳动,通过自己的关系联系华侨,为家乡做点公益。当时,一个大队里有几十个高等院校的老师,有一次永春的一所幼儿园复办要招老师,结果来的全部都是原来的学院老师。

张晓寒老师在"文革"时受了很多苦,其间有很多曲折。但我们知道,他和杨夏林的关系始终很好。当年,正是因为和杨老师的友好关系,以及共同的人才培养目标,他才会花半年的时间,从北京到这里。

直到1978年落实政策,下放干部才得以回归。1979年,我就回到学校,和张晓寒老师在同一个科室。那时,他刚恢复工作,当时是陶瓷科科长。我记得我在学校大门内见到他,他一看到我,高兴地连连说:"回来好!回来好!"

学校复办后张老师上课不多,但他身体力行,常常带着学生去写生创作、实习实践。那时候张老师创作了不少打动人心的作品。我印象很深的有几幅:一幅画的是他到西北看到桃树开花,便创作了桃花图,图中画的是初冬桃花开放,那是张老师心底感受到春天来了;另外一幅是他到德化后画的《一片新秧绿到天》,从中可以看到张老师的追求。此外,他还画了很多关于鼓浪屿的画,比如《热风暖浪 海阔天空》体现广阔的胸襟;而他画的松树叶子不多、十分挺拔、满身沧桑,这最能体现他的性格,铮铮铁骨、不惧艰难。

在新时代,张老师带队学习出访也留下了许多宝贵的财富。为了编教材,他们到全国各地考察交流,教研活动进行得有声有色。回来之后,每两个星期他们会固定聚会一次,把各自的作品拿出来看,互相交流、提意见,然后一起在他家里吃一顿饭。这个事情,既有教学价值,又聚齐了人心。

晓寒老师为艺校创造很多财富

当时,学校办公会议固定安排在每周三下午举办,各科室的科长必须参加。张老师有很多的社会实践活动,实在不能参会的时候,就会让我参加,并要求我认真记录下来。一回到学校,他马上就来找我要记录。张老师有一个特点,看了记录中相关的事情马上就要办,如果觉得有不同的意见,就会和学校沟通。

这个"实践出真知"的阶段,张老师对学校最大的贡献是把学校从培养一般干部、培养各种美术人才发展到进一步培养工艺美术人才。改革开放初期,经济建设中需要大量的美术人才,张老师身体力行,创办了各种各样的专业,包括漆艺、木雕、木偶、刺绣等,还办工厂办车间,使我们的学校顺利被纳入福建省二级学校。1997年,又被纳入福建省教育厅教育系统。

张晓寒老师的社会活动能力强,源于他的远见和勇于尝试。改革开放后,厦门建设新机场,召集全国画家为机场创作壁画。张老师主动把厦门机场的壁画任务承担下来,他先让学校的老师每人都去创作,作品出来后进行筛选,再根据对方的需要组织指导老师及画家共同完成。那段时间,张老师肩负很多的沟通工作,各个地方各个部门来来回回地跑,不能坐公车就走路,不断地付出,而在最初,这些工作是没有稿费可领的。

此外,厦门华侨博物院要画华侨当时的艰苦创业史,张老师也把这个任务交给老师们去画。老师们得到创作的机会,同时也扩大了学校的影响。可以说,学校教育质量和知名度的提高,张老师功不可没。

为了学校教育,张老师全身心投入。当时张师母到了鼓浪屿,他们就住在鸡山草堂,我和我太太也会去张老师家串门。有时候,我们已经吃过晚饭到他家了,他都还没有回来,还在路上。常常看到他满头大汗地进门,拿起一大杯茶水咕噜咕噜地喝。当时张老师非常忙,他是市人大代表、市政协委员,此后又承担画院的组建工作,担任第一届厦门美术家协会主席,经常要去厦门活动。他学校的工作也很多,要忙完了才能离岛,因此,常年晚归。张老师对自己的生活要求不高,总是粗茶淡饭。有一阵子,在老师中流行自己去找木箱、弹簧来做新沙发,张老师却没有这个念头。有人问他为什么不做沙发,张老师说:"不适合,骨头会软下去。"

张老师为人十分低调谦虚,他很少和我们提及自己的社会活动,反而是孔继昭老师会跟我们透露,张老师结交了很多名家,特别是北京的艺术家,他们对他都很赞赏。张老师抗战时去了重庆,先去一个美术班学习,后来考入重庆国立艺专。那时还非常年轻,他就办画展,靠卖画谋生。这从侧面也反映了张老师的画作质量水平是极高的,才会有人愿意收藏。

张老师是多才多艺的,写诗写字音乐样样都会。他的房间几乎都是画。他画画的时候,画得好的挂起来,画不好的丢得满地都是。桌面上的宣纸一刀刀的堆得很高。张老师又很豪爽热情,学生来了就接待,画了很多画送给学生,大家都很喜欢他。

凭借着自己的人格魅力和社交能力,张老师尽自己所能为学校做一些事情。20世纪80年代初,项南书记和他的爱人有意扶持厦门筹办美术学院。他们进行了考察,了解到工艺美术学校师资力量比较雄厚,教学水平比较高,计划把美术学院和厦大合办,地址就选在鼓浪屿,再另外加办音乐校舍。这对艺校的发展是一个不可多得的机会,张老师非常支持,并从中牵线。但因艺校领导不同意,最后没有办成。我们很清楚,张老师是有远见的,如果合办,艺校将获得更多的资源政策,走得更远。

在确定以工艺美术为主要办学方向之后,张老师就与这个专业的最高学府——中央工艺美术学院建立了良好的互动关系。在厦门工艺美院院庆时,还特地请当时的张仃院长过来参观学校的展览。那次张院长对我们的学校留下了深刻的印象,一度也想把学校办成中央工艺美术学院的福建分院。通过张老师的关系,中央工艺美术学院接收了很多我们的进修老师,同时,学校还请相关的教授到厦门举办教学讲座。

张晓寒老师对我的水彩教学也十分支持。最早有所厦门美专,开设西画课,很多西画老师住在鼓浪屿写生。西画中就有水彩画,以前没有什么水彩颜料的水彩盒,老师们就买以前那种铁制的文具盒,把十几个文具盒一个个焊接起来当成水彩盒使用。这为他们的创作提供很大的帮助。

工艺美术学校开办了水彩课后,几乎所有的厦门水彩、水粉人

广州美术学院院长胡一川先生来厦时与厦门美术界部分人士合影

前排左起:孔继昭、胡一川、张晓寒、杨夏林;后排:邱祥锐(左一)、焦耀明(左二)、郑起妙(右二)、陈文星(右四)

晓寒老师为艺校创造很多财富

才都是从这里走出去的。张老师知道漆画色彩很重要,因此,在一、二年级各排有四周色彩课,上到三年级也要继续学,大家都打下比较好的基础。

厦门前后办了几次水彩画展览,因张老师的关系,当时的厦门日报社也作了很多报道。1989年厦门水彩画协会成立,他们即参加了全国展览,福建省也成立水彩研究会。我也在那时当选厦门水彩画协会会长。

张晓寒老师一生都在奉献。他生病时我去看他,就看到张老师的病房里也铺满了画纸,他状态好一点时就在医院里画画,医生、护士喜欢,他也会送。我看他的那天,妙湛大和尚也去探望。张晓寒老师对他吐露心声,说自己的心里很压抑,因为有很多的画没有画完,如果上苍再给他三年时间,他把心里的东西吐出来,才能走得安心。张老师后来写了一首诗,表达了这种舍不得离开的情绪。

张晓寒老师在1988年过世,我们已认识了30多年,对他的离去感到十分惋惜。张晓寒老师的学生很多,我很高兴看到大家仍在思念他、敬仰他,为他成立了研究会,同时把张晓寒老师的事迹传播到他的故乡,在当地建张晓寒纪念馆,让故乡知道张老师以及他对艺术的贡献。

20世纪80年代前后,厦门还被称为"前线",厦门市文化系统如市文联等接待了很多来厦门慰问的全国其他地区艺术名家,如上海的朱屺瞻、吴青霞、万籁鸣等海上名家,以及吴作人、萧淑芳、黄永玉、胡一川、赖少其、刘海粟、黎雄才等艺术界名家。

采访:许武扬

整理:谢晓婉

供图:郑起妙

时间:2022年

地点:厦门故宫御景

※ 杨　胜

回忆张晓寒先生

师恩教诲如春雨

许：2023年，适逢张晓寒先生100周年诞辰。您是张先生最早的学生之一，也是鹭潮美术学校第一届学生毕业后留校任教的老师，能否聊聊您与张晓寒先生的共同经历？

杨：七十多年前，厦门鹭潮美术学校是我青年时期学习和工作过的地方，也是我遇见恩师张晓寒先生的地方，一生难忘的地方。

1952年，我15岁时考上厦门鹭潮美术学校。那年我由晋江石狮坐马车到安海，走过五里桥到水头镇，再搭泉州往厦门的长途汽车，赶在下午由集美学村转乘小汽轮到厦门第一码头，再走到厦鼓码头搭小舢板上鼓浪屿。早晨七点钟从石狮出发，到下午五时才到鼓浪屿轮渡，经过街心公园走鼓新路到八卦楼学校，接待我们的是陈志宏老师。志宏老师是美术研究班的学员。我办好手续，交了学费和膳费（人民币7元），志宏老师便带我们到办公室的地下室学生宿舍。每人一张床，由四块木板拼成，地板是沙土地。我们放好行装，志宏老师即带我们到厨房——西边的一间平屋。厨房有三位职工，除了凤姑和她丈夫坤玉，还有管伙食的邵树都老师。膳厅是朝西的地下室，置放十几张方桌，因为凳子不够，所以大部分同学是站着吃饭，当时学生每月轮流一次到厨房"帮厨"。洗澡也在西侧，靠近往二中方向小坡路的围墙边，边上有口水井，在水井旁建了小屋作为浴室，四季都用井水冲凉洗澡。办公室对面有块平地是学校的操场，也是全校开大会的场地。办公楼右边大柱子上，挂着书法家罗丹先生书写的校牌。罗先生是厦门印刷厂的老板，也是学校董事会董事。

回忆张晓寒先生

1953年夏天,张晓寒老师由北京来到厦门鹭潮美术学校,担任我们三年制的国画山水课老师。我在课堂上认识了我的恩师张晓寒先生。张老师是江苏靖江人,是厦门工艺美术学校的开拓者,是我们永远怀念的一位老师。

当时三年制开设的课程有国画课(含山水画、花鸟人物画),授课老师是杨夏林、孔继昭、张晓寒。素描课授课老师是蔡高嵩、郑光耀,水彩课授课老师是李其铮,图案课授课老师是叶峰、熊培贤、叶近勇,文艺理论授课老师是许霏校长,语文课授课老师是苏祖德,俄文老师是邵循岱,音乐老师是江吼,还有政治课老师马力。我非常喜欢杨夏林、孔继昭和张晓寒老师的国画课,大家喜欢李其铮的水彩课,陈志宏、张幼培、郑锦溪、郑起妙、吴伟程、林以友、张瑞林、洪丽文都是李其铮的高徒,水彩作业全校一流。我偏爱国画,引起张晓寒老师的关注。

有一天,张老师看完我的课程作业之后对我说,星期天上午带上作业到宿舍找他。张老师住在八卦楼东南角二楼,东南角一楼是素描和水彩课的教室。

周日,我带着作业准时到张老师宿舍。老师的宿舍十分简陋,一张单人木床,床上铺着一条素色土布床单和一床被褥,画桌是两张木板课桌拼成的,还有几张学生上课用的小木椅,窗台上摆放着碗筷、竹壳热水瓶、洗脸盆,东面门边放着一堆书,墙上挂着一幅吕凤子的人物画,还有他自己用的一个印有一面红旗的搪瓷杯。搪瓷杯既是饮水杯,也是刷牙用的漱口杯。不管是哪位客人到张老师那里,都没有茶水招待,就算有水也没有杯子。

1975年春节,晓寒先生同夫人王秀珍与学生们在鸡山草堂

(前排左起:叶天枝、杨胜、张晓寒、王秀珍、郑景贤;后排左起:黄亚细、蔡水况、庄安仁、林生、流勇、陈忠树、卢乾)

张老师看了我的作业后久久没有说话,只是用手在画面上下比画,看似在说应该补上什么,舍弃什么。老师让我把几张作业排放在地板上,然后问我自己喜欢哪一张。这时候老师问我家在哪里,为什么要学画画。我说老家在晋江石狮,石狮有一座八百多年的姑嫂塔,还有一座古石桥。我从小喜

欢画画,画茶杯、画椅子,喜欢养鸽子画鸽子,看到什么画什么,但没有见过画山水的国画。到学校来才知道什么是国画,我喜欢,觉得好玩。良久,张老师说不好玩,画画很辛苦。

老师看了我的作业以后,说了一些鼓励我的话。他说:"你现在学走路,刚刚起步,前方道路漫长,你要努力,要有信心。"他说我有机会到学校来学习,要懂得珍惜。接着又问我最近读了一些什么书。我告诉他正在读《芥子园画谱》和谢赫的《六法论》,这时候他就跟我讲《六法论》的气韵生动,说这是理论,要通过反复实践才能明白。那天他反复强调要多读书,"多读、多看、多想、多画",这几个字我从未忘记,是我一生学习的座右铭。

张老师说:"你有空都可以来找我,我这里有一些书和画册,你可以慢慢看,多看就知道应该怎么画,应该追求什么东西。"他拿了两本长期带在身边的书给我,一本是《石门颂》旧拓本,这本字帖很长一段时间都在我手里,因为张老师让我每天不多不少写15分钟,漏掉一天都不行。另一本是俞剑华的《中国画论类编》。他说他经常看俞剑华的书,所以当时拿这两本书给我。后来张承锦、林秉坤(林岑)他

1959年与晓寒先生携作品赴北京参加全国工艺美术作品展,与郭沫若先生及福建代表团团员合影

(左起第一人为张晓寒)

们几位找张老师学画,他也介绍一些书给他们,叮嘱他们"不读书,过的是不一样的人生",特别是在鸡山路那段时间。

1957年,我离开学校到北京学习,临行前我将《石门颂》还给了张老师。他告诉我,这是他很心爱的一本字帖,早年花了不少工夫临写。他说写字画画是"养心",字画是表达作者的"心境",画画不是纯粹的技法问题,更重要

的是人品修养。他认为:"一代人的书画艺术,能体现一个民族、一个国家、一个时代的面貌。"

许:听说张晓寒先生喜欢泉州工艺品。我见过一张相片,是您和几位同学与张老师的合影,照片右下角盖有钢印"石狮艺光照相馆",您能谈谈这段经历吗?

杨:张晓寒老师对福建的工艺美术品、闽南建筑、惠安的民俗风情都十分感兴趣,经常关注,特别是对德化白瓷、何朝宗的瓷塑观音和达摩像极为喜爱。他说:"泉州江加走木偶,世界无人可比。"

1953年寒假,我请晓寒老师到老家石狮玩。我们先到泉州开元寺,途经泉州西街一小店铺,店里摆满许多木偶头、木偶道具和服饰等。张老师对木偶头爱不释手,当即拣了两个木偶头坯和一个白脸小丑木偶头。这三件是他心爱的藏品,也是他日后上工艺美术课的教学示范品。

1961年,杨胜(右)北京归来与晓寒先生合影

我们坐人力三轮车到了惠安洛阳桥,张老师站在桥头赞叹其工程之伟大,历经千年不垮。他告诉我,惠安洛阳桥是我国古代四大名桥之一,古时洛阳桥称万安桥,已有近千年历史。他还谈到蔡襄主持建桥的故事。观览洛阳桥后,我们在桥头路边的小食排档品尝鲜活的梭子蟹,张老师说:"你家乡路边的小吃真好。"他第一次品尝这么鲜美的海鲜,第一次看到梭子蟹。

当天我们从泉州坐四座位马车前往石狮,到达石狮已近晚上七时。石狮几位同学——蔡清艺、洪纯恺、许自纯等人,已备好一锅新鲜的大钓白(带鱼)炖大白菜,还有地瓜酒,师生相聚情意浓浓,令人常常回味。

第二天一大早,我们去看石狮姑嫂塔。这是一座建于南宋时期、已有800多年历史的花岗岩石塔,是石狮面对台湾海峡的地标建筑。张老师听我们给他介绍关于姑嫂塔一段凄美的传说故事后,非常认真地告诉我们:"你们的先辈为了生存而离开亲人,远走异国,你们要珍惜这份情怀,你们要感恩先辈。"返回厦门后,老师画了一幅《姑嫂塔》浅绛山水画。

21

忆名家话晓寒

1982年,杨胜回母校参加福建工艺美术学校30周年校庆,与张晓寒老师(中)、老院长徐俊峰(左)亲切交流

许:张晓寒先生在教学过程中有哪些细节您印象最深刻?

杨:张晓寒老师在教授国画课过程中,一再强调中国画是一门具有深厚底蕴的文化传统艺术。他要求学生不仅要练好笔墨技法,还要多读书,多读画,学习传统,继承传统,发扬传统。

对于20世纪50年代的国画教学,有一些人强调以西方的绘画艺术改造中国画,他认为要不得。那时中央美院把中国画系改称"彩墨系",他说否定优秀的传统艺术是极端错误的。他布置作业时,要求学生从临摹古代优秀作品入手,掌握传统笔墨技法,但他不反对学习西方科学先进的东西。他说学习传统和培养学生对景写生的能力是相辅相成的,通过临摹古代的名作,全面掌握传统的表现手法,是不可忽视和不可否定的。

自1953年张老师给我们的上国画课开始,他就引导我如何读画,如何欣赏一件好作品,如何学习、掌握和运用绘画技法,如何通过欣赏历代名画,以提高自己的审美水平和审美能力。这些我都深有体会,得益甚多。不仅对学生,还包括对校外的青年美术爱好者,张晓寒老师都经常鼓励大家要走出去,到大自然中观察,感受大自然的美。他强调培养学生对景写生能力的重要性,同时他也要求学生要深入生活,锻炼观察能力,要学会"抓典型",增强对形象的观察记忆力和表现能力。他经常告诉学生多动笔,不要怕失败、不要怕辛苦,搞艺术工作不是一两天就能成功的,学习是一辈子的事,学无止境。

1982年11月,福建工艺美术学校三十周年校庆,张晓寒与杨胜(右)亲切交谈

1982年11月,福建工艺美术学校三十周年校庆,
张晓寒与校友张水霖(右)亲切交谈

忆名家话晓寒

同学们都很喜欢听张老师讲课,喜欢看他现场示范。我留校任教刚开始授课时,张老师时常提醒我,对学生的作品不要轻易发表意见,不要轻易动手改学生的作业。当老师的要先理解学生作品的立意,否则很容易误导。他对学生的作品也不是看一眼就点评,就像他第一次看我的作业一样,他似乎是先欣赏。他曾说过,一件作品不管好坏,作者都会有个立意、有个主题,不明白作者的立意,随便发表意见会害人。所以他不轻易动笔修改学生作品,除非是拿画到他家里,但只有个别学生的作品他会修改,一般是在旁边示范给你看。他说:"我教给你的是方法,方法是活的,要活学活用;你对老师的意见也要分析、消化,不要老师没讲完,你都还没听明白就动手改,这样也不好。"

1952年,鹭潮美术学校招生不严格,学生年龄悬殊,十五六岁的占少数,20岁至30岁的占多数,还有为数不少的30岁到40岁的学生;有的已结婚生子、头发花白,专业水平差距较大。有一部分是美术研究班的学员,如陈志宏、张幼培、郑锦溪、吴伟程、许钊钦、白秋吟等,还有林以友,他当时已在《厦门日报》发表过连环画。也有不少学生对美术专业没有基础,也不感兴趣的,这部分学生大多只希望毕业后有一份工作就好。对这些学生组成的一个美术班级,应如何开展教学活动?我常听到张晓寒老师分别与杨夏林、孔继昭、李其铮、郑光耀、叶峰和马力在探讨这个特殊班级的教学问题。张晓寒老师认为,要实施因材施教的教学方法,对不同学生进行个别辅导。他还认为因材施教教学方法适合艺术专业教学。他告诉我,教专业课运用因材施教的方法有必要、有效果。他说这是原则,具体实施教学,还要灵活运用。1957年来校的学生王彩珍,当时王彩珍是报考录取在工艺美术班的,后来张老师发现她有很好的音乐天赋,便告诉她应该到音乐班。之后王彩珍转到音乐班,后来她到厦门歌舞团,成为全国著名的琵琶手,是厦门歌舞团主力。

张老师曾对个别没有美术基础的学生说,要学会准确地临摹一幅画,学会写美术字,学会基本的用色知识,具备一技之长就能生存。当年很多学生到铁道兵团,不久调到行政部门作为美术宣传干事,他们在工作中再学习提高,也成为一名合格的美术工作者。张老师说,在专业教学中实施因材施教,对优秀的学生有利,对相对弱的学生也有利;因材施教要灵活运用,从实际出发。他说教学不能脱离现实,不是培养他们当画家,而是让他们有能力适应工作,会写美术字,能临摹作画,有吃饭的本钱。

回忆张晓寒先生

学生喜欢听张老师的课,部分没有专业基础的学生也能听得懂,没有压力。他对不同程度的学生要求不同,对没有绘画基础的学生要求细心、认真,从一字开始,先培养对美术的认识,让他们多看画册,慢慢引导他们对绘画产生兴趣。他对班上有一定绘画基础的学生要求严格,对个别有天赋、有基础的学生,中的辅导时特别下功夫。如有的学生喜欢写意山水,他会按其兴趣有意识地加以引导。他曾要求个别学生练习和运用中国画中的"线"讲解中国画的本质是线的艺术,值得一辈子研究。提到吕凤子先生的用线,他说,线条构成、骨架、造型都靠线的组成,没有线就难以完成一幅画。他教学生如何运笔、用墨、上色、铺水、渲染、留白,如何水带墨、水破墨、调墨,如何运用各种方法,以达到墨痕和水晕染的效果。甚至怎样选纸、选墨等,张老师都会一一示范,让学生明白。在给学生示范作画时,张老师常常会说:"你看清楚我的用法。"他说,"学法、用法、破法","学法"最终是形成自己的"法",学会用法,用的是你自己的法,最高级是"无法"。画求天真自然,作画求高境界,不在笔墨。你不要画得像我的画,那是失败的,你要有你的个性、你的追求。

张晓寒老师在上课时讲美学很生动,幽默中带着严肃,他要求学生提高自身的品格修养。他曾说道:"一个不懂得什么是美、什么是丑的人,怎么能画出一幅好画、写出一首好歌呢?"他认为美育对培养学生、教育学生、提高学生的修养水平,甚至对一个人的幸福感都有着至关重要的作用。他说每个人都具备审美能力,但是要学习。

他常常边教我画画,边教我欣赏书画的知识。他说:"一个人如果不懂得审美,即便有万贯财富,却难得到精神富足,这样的人不可能有幸福的人生。"所以他认为,一个老师,特别是作为一名美术老师,首先要让学生懂得审美,让学生知道什么是美、什么是丑,让他们知道生活不仅仅只是生存。他要我平时多听音乐,多读书,当作日常的功课。他曾送给我两本他从旧书摊买来书:一本是新中国成立前出版的朱光潜的《文艺心理学》,还有一本是《谈美》。他认为爱美无须刻意,经常出去看山看海,感悟大自然之美;在家读书听音乐,欣赏图画;在外面看建筑之美,这些都可以净化心灵,养成高尚人格。

1956年至1957年这个阶段,张老师经常在傍晚的时候带我到菽庄花园附近散步,见景生情时他会作诗。那段时间他和我谈了相当多关于艺术的话题。他说:"你要学画画,先要学做人,学懂审美,学懂生活。不懂审美,不懂追求美的人,生活单调无趣。"他曾引用丰子恺先生的话,即人有五欲——食欲、色欲、知欲、德欲、美欲,可见追求是人的天性。那一年,张老师又从旧书摊买了两本书送给我:一本是丰子恺的漫画《护生画集》,另一本是《缘缘堂随笔》。他说你慢慢看,可从书中品味人生。

张老师崇敬丰子恺先生,经常给学生介绍丰子恺先生的作品,他说丰子恺先生是一位人格高尚的画家、文化人、杰出的艺术教育家。

1957年我去了北京,我在北京的时候经常跑东安市场和琉璃厂旧书店。我从北京回来带了一大袋的书,上鼓浪屿便直接到鸡山路10号张老师家里。他见了我很高兴,那天饭后聊天,他讲黄山谷的诗,还引用了黄山谷的一句名言:"人不读书,则尘俗生其间,照镜则面目可憎,对人则语言无味。"黄山谷就是黄庭坚,北宋书法家、文学家。"文革"期间没有其他事做,张老师就建议我买黄山谷的字帖临摹,所以我有一段时间学黄庭坚的字体。

明代画家,张老师推崇沈周,当时他身边有一本《南画大成》。《南画大成》是一函四册,但他只有一册,他把这一册拆开分送给学生观摩,并强调要多看古画。清代画家如石涛、八大山人他都很推崇,"扬州八怪"他也特别有兴趣,也经常给学生介绍这些画家。张老师跟我说过,早年他在西安也临摹明代四大家之一沈周的画。老师刚到厦门画浅绛山水的画居多,后来画风渐变,画面更水墨淋漓了。

除了刚才谈到的古代画家,现代画家他喜欢黄宾虹、吕凤子、贺天健、潘天寿、郑午昌、李可染和刘海粟的作品,也经常给学生介绍这几位画家,我们也临摹不少,荣宝斋有贺天健的木版水印,学校也有这些资料。

张老师非常崇敬吕凤子、黄宾虹两位画家,他收藏两幅黄宾虹的山水画和吕凤子的人物画。20世纪50年代至60年代初,他家里常挂这几幅画,也借给我挂在我家里让我欣赏学习。有一回张老师说:"这两幅画送给你。"我说不能要,这是老师心爱之物,老师留着当教学用。不知道这些画有没有保存下来。后来我要到香港,张老师送了几幅他自己的作品给我,还有一枚"行万里路"的印章。那天,他说要我早点回来学校。

调整办学方向

许:厦门鹭潮美术学校成立之初,为了培养绘画人才,是什么原因在20世纪50年代改为工艺美术学校?您毕业后留校任教,能否谈谈这段历史?

回忆张晓寒先生

杨：1955年，三年愉快的校园生活结束，我们毕业了，然而麻烦也随之而来，近百名毕业生分配工作的问题让学校深感头痛。新中国的建设，百业待兴，但是百来个毕业生却找不到工作岗位。当时只有十几位同学得到分配：如张瑞琳分配到中国新闻社福建分社，洪丽文、白秋吟分配到福建人民美术出版社，杨湘贤分配到福建新闻制片厂，吴伟程分配到《厦门日报》当美编，郑锦溪到厦门五中当美术教师，刘长奇、洪淑默到厦门印刷厂，还有陈志宏、黄振福留校在行政部门。另有4位留在学校新成立的创作小组，陈文星、林维全、我兼上国画课，尚有90%的同学等待分配。说来也巧，当年正在修建鹰厦铁路厦门段，急招数万名民工，所以三年制甲、乙两班几十名同学都报名参加鹰厦铁路建设。1957年鹰厦铁路竣工后，张幼培、苏夏火等同学留在铁道兵团，或转地方铁道部门，三年制毕业的同学算是有了着落，但五年制的学生毕业后何去何从？一时仍未能解决。

当时学校的日常开支、教师薪资等，是靠校董会资助和学生学费维持的。在此之前，学校董事长林采之、罗丹，还有杨夏林、李其铮、郑光耀几位老师经常四处募集经费。客观情况是，学校的经济危机早自1953年已存在。当时的社会正处在对私人资本主义工商业的改造阶段，很多商界人士自身处境也十分难，办校的经费来源经常不能保证，再加上学生的分配工作尚待解决，此时学校的发展走到了瓶颈。

1956年，学校处在继续开办发展，还是关门停办的关键时期，许霏、杨夏林和全体老师都很忧虑担心，如果停办，还有几十个学生怎么办。继续开办没有经费维系，还有学生毕业后的分配问题依然没有着落。

1957年，杨夏林副校长被扣上"右派分子"的帽子，不仅失去管理权力，同时下放到厨房监督劳动。这个时期，张晓寒老师时常在晚上八九点钟到杨老师家里，听取、探讨办学的去向问题。此时孔老师会端出一碟花生米，两杯老酒伴两位老同学为办学一事聊到深夜。张老师谈道："办学的问题只能自救，无法靠别人。"当时都不知道怎么自救，张老师也没讲怎么自救，大家心情很沉重。

杨夏林副校长最担心的是停办，他很着急，他说如果停办就对不起张霞和李其铮几位同仁，还有罗丹、林采之几位董事，大家共同努力办成的学校就这么关了？

张老师说："校董事已经出力了，不能再为难他们，也不能等他们来救我们。"张老师认为既然绘画这条路走不通，社会又需要工艺美术人才，我们的办学方向就应该改变。张老师主张走自救路线和调整办学方向,培养工艺美术人才。

杨老师认为,改变教学方向,没有了绘画科有违初衷。杨老师对张晓寒老师提出走工艺美术这个方向非常担心,但是如果不改变方向,学生毕业后没有出路,学校同样是无法生存,他的心情十分复杂。

许霏校长也很清楚,办学方向如果不改也不行,但许霏校长不是搞工艺出身,所以他心里没有把握,但他认真听取张晓寒老师的意见,支持改变办学方向。

当时张老师的态度非常明确,他说:"办工艺美术学校,照样保留绘画专业,学校要继续发展,栽培绘画人才、培养学生的图画能力,但一定要认识当前的客观情况。学校培养纯粹绘画人才,学校就难以生存,我们办学要考虑国家的需要、社会的需要。"

我感觉张老师最关键的不只是建议,还有行动,印象最深的是他说了一句:"走自己的路,自力更生。自己的路不能等,要尽快,要抓紧时间。"当时学校处在随时可能停办的状态,有一次李其铮老师和张老师在谈话,说到学校可能关门解散时,李老师突然对着张晓寒老师说:"张老师,张老师,你到哪里,我跟你到哪里。"十分有趣,记忆犹新。李其铮老师是印尼归侨,家里有很多国外画册,每当周末张老师都到李老师家,他们边谈工作,聊教学,边喝咖啡,边听贝多芬乐曲。兴致来时,李老师边弹钢琴边唱《蝴蝶夫人》,张晓寒老师偶尔会唱几句京剧,他们两人的关系非常和谐。

当时个别老师对改变办学方向抱观望态度,原因是:第一,没有工艺美术专业教师;第二,没有相应的教学资料、教材;第三,没有相应的教学环境和设置;第四,学生没有兴趣学习工艺美术专业。所以在这种情况下,张老师的几次建议都没有得到积极响应。此时学校如果停办,也是大家最不愿意看到的,所以张老师很着急,很重视杨夏林老师的意见,也一再建议杨老师和许霏校长调整办学方向。经过他们一番研究和多次探讨之后,张晓寒老师更加坚定走工艺美术这条路。

在这期间,张老师经常自己查找资料,他先跑到浮屿市图书馆,跑中山路新华书店和思明南路的古旧书部(也称内部图书部),几乎每周日下午两点到店,五六点之前出来。先后买到了雷圭元的《新图案学》和线装旧书《饮流斋说瓷》,还在地摊买到几本,也算有点相关的教学资料可以研究。

1956年初,张晓寒老师同许霏校长,以及杨夏林、李其铮在探讨学校的去向问题时,张老师说:"中国是历史悠久的文化大国,工艺美术门类繁多,个个光彩夺目。全国十大传统工艺美术:陶瓷、漆器、木雕、景泰蓝、玉雕、刺绣、剪纸、琉璃、竹编、中国结,这十大传统工艺福建占了六项:陶瓷、漆器、木雕、刺绣、剪纸、竹编,还有很多是其他省份没有的。福建是全国工艺美术大省,资源极其丰富,办一所工艺美术专科学校,条件非常优越,我们有得天独厚的资源,不怕学生毕业后没有着落。"

他说:"全省大小上百家工艺厂,极需要一批合格的、优秀的工艺美术人才,培养一批既能设计,又能参加生产劳动的年轻人才是我们的职责。我们要相信政府一定会支持,厂家会支持;我们自己还要办工艺美术实验厂,生产自救,自力更生,大家就不怕没有饭吃了。"紧接着张老师又说:"像德化陶瓷、福州漆器历史悠久,都应该单项办一所专业学校,传统与创新需要学校的配合;学校培养新一代的工艺美术人才,既能设计,又能参加生产,还能制造财富的人才,不怕没人要。"

张老师认为可以边改边走,边搞实验,同时筹办实习工厂。后来张老师又说了一句:"只要有目标有人,不怕做不成。"张老师列出了改变办学方向的初步设想和计划是:

1. 寻找相关的工艺美术人才(民间手艺人);

2. 了解和搜集福建省工艺美术资料,加强与省内工艺美术厂的联络,安排专业老师到工艺厂调研,建立与厂家的联系;

3. 挑选在校有工艺美术兴趣和才华的学生,培养工艺美术骨干人才;

4. 准备设置工艺美术课程;

5. 招收工艺美术专修学员;

6. 设置实习车间;

7. 筹办校办工艺美术厂;

8. 加强与省手工业管理局联系,争取他们的支持。

以上建议,得到了许霏校长和杨夏林老师的支持。张晓寒老师立即做准备工作,先后挑选几名优秀的学生,同时招聘、聘请民间手工艺人组成一支基本队伍。

最早跟着张老师从事工艺美术的学生有:黄秋山(木偶)、蔡清艺、黄衍南(雕塑)、陈清河(竹编)、黄亚细、庄安仁(泥塑)、吴允长、翁秉龙等,他们都是校办厂的技术骨干。

先后聘请的民间艺人有:厦门彩扎艺人柯石头,德化陶瓷雕塑艺人陈国安,泉州刻花纸艺人徐耀坤,漳州木偶雕刻艺人许盛芳,泥塑艺人蔡福祥,这几位民间艺人是配合教学活动,辅导学生实习,传授传统手工艺术。

首批十多位校办工厂的技术人员,是张晓寒老师筹办实习工厂的得力助手,他们为学校办学方向转型,为学校的生存发展做出了贡献。最早的工艺美术厂厂长是王世友,张玉都协助厂长工作。工厂日常按生产计划安排生产活动,创造效益,产品除参加广交会,也经常参加省市的工艺美术展。

记得有一次在八卦楼,张老师和蔡清艺、黄秋山聊天,张老师说:"你们搞不好,我就得卷铺盖走人。"当时他们刚毕业,张老师曾说过一句:"我可以喘口气了,起码有助手了。"那时我们学校有十多位老师,但没有一个是专业的工艺美术老师。在这种情况下,张老师建议开工艺美术课、造型课,自己也承担起五年制工艺美术课和工艺培训班的教学任务,策划开办工艺美术培训班的同时,还筹办校办工艺美术实习厂。叶峰老师当时教图案课,他毕业于上海美专。叶老师积极支持张晓寒老师设置工艺美术造型课,提供不少关于造型课的教学资料给张老师。

再来是找工艺品做教学示范,中山路厦门文物商店里的工艺品只能看,没钱买。张晓寒老师最常去的是鼓浪屿龙头路34号华夏古玩店,这里有很多陶瓷和字画,我们常常是晚饭后到店里。店老板曾钦帧先生对我们很热情,我们去看的多、买的少,但他对我们还是很热情,每次都有茶饮。有两件豆青大盘,曾先生知道是用于学校教学,特价卖给我们。时间久了,他成了我们的朋友。曾先生有一幅清代改琦的《仕女图》,我们虽然买不起,但常常去欣赏。张老师认识一位收旧货的中年男子,我们都叫他憨阿,他收到好东西,常常在中午拿到鸡山路10号给张老师看,因为便宜,张老师向他买了不少精致的小玩意,这些都是老师作为教学用的好东西。有一回大家开玩笑说,卖破铜烂铁的人都是老师的好朋友,回想往事,历历在目。

许:我查过资料,1958年9月19日,中共中央、国务院发布《关于教育工作的指示》,提出党的教育工作方针是教育为无产阶级的政治服务,教育与生产劳动相结合。张晓寒老师这次教学改革,可以说是"立先行之志,闯先行之路"。后来学校的工艺美术课和工艺厂又如何成为"先行之势"?学生毕业后的工作问题,又如何得到解决?

杨:此时校办厂在大家共同努力协作下,生产规模逐渐扩大,学校领导动员全体老师支持校办厂的一切活动。那时候,绘画科专业老师不上课时,大部分都会到车间参与画彩蛋、画木板画、画竹板画,一时间,到校办厂画彩蛋成为一股热潮。

实践检验证明,"改变办学方向,培养工艺美术人才,走自己的路,生产自救"是对的,学校不但生存下来,还在不断发展。当时校办厂的许多产品不但畅销国内,而且参加广交会,深受国外客户青睐。校办厂不断发展壮大,使学校在危急关头转危为安,业绩给学校增添了无限的光彩。早期校办厂址在鼓浪屿安海路36号番婆楼,后来搬到龙头路"风行照相馆"对面。番婆楼是实习厂的起点,是校办厂起步的地方。

就在这时候,正在发展中的校办厂,引起福建省手工业管理局郑太初局长的极大关注。省手工业管理局与学校较为深刻的合作活动,也由此展开。

1956年至1957年期间,张晓寒老师开设工艺美术课程,创办了学校的工艺美术厂,招收工艺美术培训班学员,为今后办好工艺美术学校打下了坚实的基础,并以实践经验告诉大家,轻视工艺美术专业是错误的思想。校办厂在张老师的努力下办得风生水起,这份由衷的激情,我深感老师将学校当成自己的家了。

郑太初到学校参观校办厂之后,对鹭潮美术学校改变办学方向给予肯定,支持张老师建立校办厂,贯彻"教育与生产劳动相结合"的政策;为社会培养既能设计,又能参加劳动生产的人才。郑局长对张晓寒老师说,他对校办厂深感兴趣。

郑太初局长来了很多次,我最早接触郑太初是他找张老师谈德化陶瓷,当时我在场。张老师对德化瓷业非常关注,可以说,学校当时没人比张老师更关注德化陶瓷。在与郑太初交流时,张老师讲德化陶瓷的辉煌历史,也谈了当时德化存在的问题,他说:"德化留给我们的遗产非常丰富,我们要保护、要继承、要继续发展。"他指出,德化今天最需要的是创新,要创新就需要有人才。他说:"要有真本事、有思想的设计人才,要重视老艺人,发挥老艺人的作用;德化要特别重视培养青年一代的'造型'人才,推陈出新。德化的白瓷,高贵典雅,无与伦比,首屈一指。"郑局长也讲了很多,他希望有机会多到德化看看,希望学校给德化培养更多的青年陶瓷专家,为德化陶瓷事业贡献力量。

在这次两人的谈话中,没有茶,没有水。他们非常投入,谈何朝宗、谈创新,交流白瓷,谈德化未来……

郑太初再次来学校,张老师让我陪他一起参观实习车间,主要是彩蛋车间,当时顾一尘、石延陵、孔继昭、王仲谋等几位国画老师都参加画彩蛋,李其铮是水彩课老师也参加。这次给我留下了最深印象是,那天回到家里,张老师很高兴地对我说,学校是有希望的,我们学校的生存与发展就靠"手管局"(福建省手工业管理局)了,这是一个天大的好机会,他们有兴趣就有希望了。他跟我说话时很高兴也很激动,那天的情景至今难以忘怀。

郑太初来校考察之后,为了使老师重视工艺美术教育,特地组织老教师到德化陶瓷厂进行实地参观,参加的老师有孔继昭、石延陵、李其铮、叶进勇、王仲谋和张晓寒老师。此次郑局长对张老师表示,很有兴趣和大家合作,他非常支持学校转型,支持学校为福建培养工艺美术人才。他说:"福建大大小小的工艺厂数百家,很需要有知识、能设计,又能参加生产劳动的年青一代工艺美术人才,学校培养工艺美术人才的办学方向对了。"

后来篆刻家周哲文、漆器世家高炳庄驻校一个多月,两人每天跟张老师到校办厂,了解教学与生产情况。张老师告诉他们,学生下厂实习,通过艺人手把手传授技艺的方法,学生的学习兴趣也有了。艺人的高超手艺,让不少学生看到自己对工艺美术的无知,纠正了轻视民间艺术、民间艺人的错误思想。也让同学们知道,一个工艺美术工作者,必须具备较全面的绘画造型能力,实践出真知。张老师说:"蔡清艺、黄秋山、黄衍南、黄亚细、庄安仁等几位年轻人的作品,具有榜样作用。"

当时张老师请厦门彩扎艺人柯石头到学校传授工艺,那段时间老师对他非常关照,柯先生的普通话学生听不懂,张老师帮他备课,一起上课。柯先生在课间上操作,张老师在旁边给学生讲解工艺。柯石头来校之前生病在家,来校之后气色好很多。

1956年至1957年,学校归属于厦门教育局。到了1957年至1958年,国家实施精简机构的政策,我们学校和厦门歌舞团、厦门芗剧班合并成为"厦门艺术学校"。当时参与厦门艺术学校的领导工作有杨炳维和张吉甫,这时候的校址是在鼓浪屿安海路。大概在1957年下半年,郑太初局长告诉张老师,福建省手工业管理局准备接管学校,希望张老师对办学方向和设立工艺美术专业教学提供意见。

1958年,福建省手工业管理局正式接管学校,改校名为"厦门工艺美术学校",并设置四门专业科:陶瓷科、雕塑科、商业美术科和绘画科。当时的厦门工艺美术学校,就是现在福州大学厦门工艺美术学院。

1958年至1959年间,福建省手工业管理局接到北京人民大会堂福建厅的室内装饰布置任务,将室内大窗帘、餐厅餐具、茶具等设计工作交给学校,学校号召全校师生、校办工厂全力投入迎国庆十周年庆祝活动。

此时,学校书记魏锡公和许霈校长挂帅主持,根据领导指示,将工作交由张晓寒老师负责,并严格按指定主题的要求,设计花鸟图案,初稿画了很多次才通过审定。大窗帘由石延陵、顾一尘老师设计,正稿审定后交由莆田刺绣工厂完成。陶瓷餐具、茶具,由省局组织德化艺人许其泰、许其章、林质彬、苏金诚、杨胜等人,赴江西景德镇、湖南醴陵等地参观,还到上海宾馆参观酒店餐具的使用要求,收集资料,然后根据主题进行设计,图稿经省局审定后,由德化瓷厂组织生产烧制。这次国庆献礼活动,如期完成任务,受到省局表扬。

1959年8月28日,福建工艺美术作品参加北京全国工艺美术展,省局委派张晓寒老师为顾问,我和张老师到现场参与布置等相关事宜。这次展出,分别得到毛主席、周总理、朱德委员长等多位国家领导人称赞,周总理说:"福建第一。"朱德委员长题"巧夺天工"。当时参展工作人员得到郭沫若、李一氓和陈伯达等领导接见关心,并在故宫展会处合影留念。

同年,王耀华任学校党支部书记。王书记积极推行教学改革,加强教师队伍的建设,强调老师讲课要有讲义、有示范图,每门课要有教学大纲;坚决贯彻教学与生产劳动相结合,坚持学生下工厂实习,并要求学生晚自修时老师临场关心;提倡青年教师向老教师学习,老教师热情帮助青年教师,互学互帮,提高教学质量。全校师生对王耀华尊师敬老的行为十分赞赏。

20世纪60年代初,学校新校址兴建于鼓浪屿内厝澳,学校号召全体师生周末参加建校义务活动,完善教学环境。自20世纪60年代以后,我们学校毕业出去的学生,不仅在本省受欢迎,外省也十分重视,当时各行各业都找学校要人。

大概是在1963年,张老师赴江苏省参加全国中等美术学校研讨会议。此次张老师作为重要发言人之一,介绍的内容是《中国画与工艺美术》。

采访:许武扬
供图:杨　胜
时间:2021—2023年
地点:篔簹咖啡馆、德化悦瓷楼、
　　　厦门晓春别苑等

忆名家话晓寒

❋ 林 生

一代师表，真情千古在

我是厦门人。我的原名叫林福生，但我嫌弃"福"字比较俗气，成年后作为画家，作画题字时，索性将"福"字去掉了。从此，我的名字变成了两个字——林生。后来，身边的朋友都喜欢叫我林生，但我的恩师张晓寒老师，却很喜欢叫我原名——因为在闽南话中，"星"和"生"同音，"福星"是好彩头的意思。晓寒老师在世时，每年的大年初一，我都会过轮渡，到鼓浪屿的老师府上给他拜年。每次在门口喊"张老师"时，他听见了却并不急着开门，明知故问道："谁呀？"非要等我回答："是我，福生！"老师这才高声喊道："哦，福星来了，开门！"

往事如烟。我刚认识张晓寒老师是在厦门工艺美术学校，那是1959年9月，我背着行囊，坐轮渡到鼓浪屿上的学校报到。此后三年，我在这里度过了学习的美好时光，聆听了张晓寒、杨夏林、顾一尘等几位德艺双馨的授业恩师的教诲。我是先在课堂上认识杨夏林老师的，他是著名的山水画家，凛然磊落的气质以及身为艺术家的大师风范，深深地刻在我的心上。渐渐地，我了解到张晓寒老师是杨老师在国立艺专的同学，为了支持杨老师创办美术学校，他放弃了在北京的优越工作环境和创作条件，毅然决然地南下，与杨老师一起艰苦办学。

在这几位恩师中，我最为崇敬、接触最多、受熏陶最深的当数张晓寒老师。学校为了适应社会需要，正式开设了工艺美术专业。但一时缺乏师资和教材，晓寒老师便潜心钻研自己不熟悉的陶瓷专业，并花费大把时间收集资料，自编教材，一个人负责造型、装饰和理论等多项课程；缺乏教具，老师就把自己家里收藏的陶瓷工艺品拿到讲台上。有时候，为了多准备一些教具，他还会向邻居朋友借来陶瓷工艺品。上完课再一一还给他们。而在上古画临摹课时，老师甚至会把自己珍藏多年的历代名画集拆开，分发给

一代师表，真情千古在

学生。

除了课堂上，晓寒老师总是以"润物细无声"的方式影响着他的学生。有一次，他带着学生到德化的瓷厂实习，和学生们同吃同住同劳动。一天清晨，因为山区气温低，而且是星期日，大多数学生还在睡梦中，老师却一大早起来，带了把锄头，上山去找古窑址，挖瓷片做研究。当我被同学叫醒后，就急匆匆地穿好衣服，起身追赶。从此，我跟随张老师外出实习，再也不敢睡懒觉了。

老师教过的学生上千名，校内外来求教者无数，每次他总是真诚专注地与人倾谈，耐心细致地指点。我不解地对老师说："您的时间都被人占用了，哪有时间画画？"老师说："人家需要我帮助，有的老远跑来，能做到就要帮人一点，这也是做人的道理。"老师还说，他也想在有生之年多做些事，多画些画，多研究点学问。他说他的画还不够"老""辣""丑"，还需要不断锤炼和提高，才敢去办展览。他又说，在北京的时候，常到故宫和其他博物馆看古画，越看越感到敬畏，山外有山，天外有天啊！这些话犹如雨露甘霖，点点滴滴都流进我的心灵，成为我一生最宝贵的精神财富。

谈及和晓寒老师的交往，不得不提我们当时的"据点"——位于鼓浪屿上的鸡山草堂。那是老师的家，紧邻艺校的鸡山脚下，是一间简陋的卧室兼书房，鸡山草堂是其斋号。课余时间，鸡山草堂总是吸引了一批敬仰张老师、挚爱中国画的学生，我就是其中一个。我也和其他同学一样，喜欢到鸡山草堂去。有时全神贯注地欣赏老师的近作，有时倾诉学习和生活中的烦恼；老师有时为大家释疑解难，有时当场作画示范……在学生们的心目中，鸡山草堂不仅是"一所不设围墙的学校"，更是温馨的家园、心灵的港湾。几十年过去了，我还清晰地记得当年那个冬夜的情景：老师怕同学们冷，便在屋中间生个小炭炉，那炉上的水壶冒着热气，滋滋作响，房间里有如春天般温暖。张老师正在桌上作画，笔力雄健，水墨淋漓，让同学们欣羡不已。待作品大体完成挂上墙，老师像往常一样，退后几步，仔细端详、琢磨黑白关系的处理及题款、钤印的位置。他忽然转过身问我："你说，闲章该落何处？"我踌躇了一会儿，便伸手指了一处。见老师不语，以为错了，又指了另一处。老师却摇摇头说："不对！先前指的地方才是。"接着，他讲了画面题款、钤印的重要性及其布局原理。

晓寒老师的画，经常是寥寥数笔，看似简单却回味无穷，其实都是"惨淡经营"的结果。我经常看到老师画完画，然后挂在墙上，隔几天还没取下来，

35

仔细一看,有的画面上做稍许改动,有的已改得面目全非。我后来才明白,原来,老师的作品虽是写意,但都不是随意而就,每一幅都是千锤百炼、精益求精的结果。

有一次,也是在鸡山草堂,老师突然向在场的学生们发问:画论里说的"氤氲"是怎么回事?大家一时语塞,老师说:"你们想象蒸笼里的感觉如何?"寂静中顿时爆发出会意的笑声。老师就这样经常以言传身教使大家领悟画理,掌握技艺。面对着老师的画,思索着老师的话,此刻,我似乎感到屋里升腾的热气和同学们的灿然会心的笑容,以及老师画里的云烟交相涌动,一股暖流渗透周身,顿时心旷神怡。

1980年,晓寒先生与学生林生(右二)、卢乾(右一)合影于"张晓寒、林英仪画展"展厅

在张老师的关心、指导下,我通过临摹、写生,打下了扎实的中国山水画的基本功,并开始尝试创作。在艺校读一年级时,厦门市举行美术展览,由于张老师的极力鼓励,我创作了一幅山水画《南普陀》参展。《厦门日报》在报道张老师的访谈时,老师还特地提及这幅作品,这使我的自信心陡增。

二年级时,我与同学丁立合作一幅美术作品《前线蔬菜大丰收,支援城市工业化》参加省展,后来发表在省级杂志《红与专》封底,得到人生的第一笔稿费。这次创作,每个环节都得到张老师的悉心指导,老师甚至还亲自动笔为之润色。

说到晓寒老师,我还要提一下那段动荡不安的岁月。那是1966年夏,"文化大革命"席卷着大江南北,晓寒老师也被卷入其中。当时的"造反组织"还四处散发传单,要清算"鸡山黑店"成员,搅得满城风雨。

1967年的一天,张老师突然出现在我的面前,他说,他个人可以忍受泼

20世纪80年代初林生(左)与晓寒老师合影于鸡山草堂

向自己的污水,但不愿因为自己的问题,而连累学生和其他人,所以决定到北京中央信访处反映情况。我担心厦门火车站一带两派武斗正酣,路上危险,所以在清晨时分,护送老师到第一码头,上了一艘帆船,准备绕道集美转乘火车北上。目送老师渐渐远去的帆影,我心中百感交集,因为我无法陪老师一同前往,只能默默祈祷他平安归来。

不久,张晓寒老师自北京返厦。得知学校造反派正像猎犬般四处寻找准备抓他,张老师只得东躲西藏,先后到几位可靠的学生家中避祸。为了不连累他人,每个学生家都不能待太久。老师在我家中小住的那段日子,我既紧张又兴奋,紧张的是每天像地下党人一样,要时常在门外望风,观察一切可疑的动静,神经绷得紧紧的;兴奋的是终于有了比较充裕的时间,能够与老师促膝谈心,请教学问。而遗憾的是,家里空间狭窄,没有宽敞的地方供老师作画。

但我也看到,尽管这是张老师一生中最为困窘、黑暗的日子,但他却很淡定,每天照样若无其事地看书、作诗。形势稍为宽松后,我将老师藏在自己家中来不及题款的作品悉数奉还。老师心情很好,说要赠送一幅画作为纪念,让我自己挑选。我翻到一幅《坐看云起图》,画面上,乱石错落,流水鸣咽,有人独坐其间,抬眼望山中升腾的云雾。几分怅然,几分忧伤,又有几分期待,几分坚持。深沉的意境,叩动了我的心弦。老师猜想我喜欢这幅,当下欣然题字赠予。

我虽未在"文革"期间遭难,但亲见老师无端受辱、诸多尊敬的文化人难逃厄运,对艺术的热情早已被浇灭,有意无意间渐渐地疏远了自己曾经挚爱的绘画。然而每次和老师见面,老师总会提出要看我的新作。因为没作品,所以那段时间,我也不敢登门拜访老师,心中很是纠结。

一日,张老师又来访,并留下吃饭。趁着几分醉意,老师让我备纸,随即画了幅画,题名为《新松恨不高千尺》,而后既感慨又风趣地对我说:"不知为什么,造反派抄家时没把我的砚台抄走,这恐怕是天意,就是还要让我画画。我人还在、心不死,就要继续画下去!"

我心里清楚,这分明是对我荒废学业、不思进取的委婉批评和激励,从此,我不敢懈怠,又重新提起笔。多年后,我回想往昔,感慨万千:"要不是老师再三教育和鞭策,我可能早已放弃画画去干别的事了!"

1976年初,"四人帮"大肆"批林批孔批周公",将矛头指向周恩来总理,著名画家黄永玉先生怀着对总理的崇敬,冒着风险刻制了一幅木刻版画《周恩来像》,并很快寄给他的好友、本市画家张人希先生。人希先生又立即带来给老师看。

那是一个寒夜,我也在场,只见两位在"文革"风雨中饱经磨难的画家满怀深情注视着画像,悲愤无语。我从他们忧郁的眼神中感受到中国知识分子忧国忧民的高风亮节。第二天,老师挥毫作《风雪颂》,画面上狂风呼啸、飞雪满天,岩上青松挺立,铮铮铁骨,宁折不弯,

**林生(左)与晓寒老师合影
于福建工艺美术学校**

天地正气,跃然于纸上。我站在画前,被老师的激情和笔墨的力量所震撼,心情久久不能平静。隔两日,我也画了一幅《高山松瀑图》,拿给老师看,老

师当即奋笔疾书："万顷波涛付诸江河日夜潮。"这是老师首次在我的画作上题字，记录着师生共同的思想感情。

"忽如一夜春风来，千树万树梨花开。"经历了十年浩劫，各行各业百废待兴，一场社会变革正席卷着神州大地。从1980年到1985年，短短的5年间，我的工作经历了4次变动。1985年，晓寒老师主持厦门机场室内壁画装饰总设计，市文联把我借调过去，参与此项工作。我不知道自己从此将迎来人生的一次重要转折。

随着市文联和各文艺家协会相继恢复活动，厦门老一辈书画家在市人大、政协等各种场合联名呼吁成立厦门画院和美术馆，以提升城市的文化品位，促进美术繁荣。1986年，市文联正式把我调过去，负责筹建厦门画院（后改为书画院）工作，随后我又被任命为画院办公室主任。不久，市美术馆成立，我兼任副馆长。之后，我还兼任市美协理事、副秘书长、秘书长、省美协理事等职。我的工作任务就是组织全市和书画院画师的美术活动和展览。

我很高兴，人生最幸福的事，莫过于从事与兴趣相契合的职业了。而更令我兴奋的是，两位恩师都成了我的直接领导：晓寒老师出任厦门市美术家协会主席，杨夏林老师出任画院院长。我仰慕已久的朱鸣冈、张人希、林英仪、高怀等本市许多德高望重的书画家，也被聘请为书画院兼职画师，自然成为书画院的常客。由于工作机会，我不仅和他们接触频繁，聆听他们的教诲，也结实了林岑、孙煌、余纲等更多书画界前辈和朋友。

有一次，厦门市文联承接了厦门机场壁画装饰、华侨大厦和南普陀寺室内书画布置等有报酬的工程时，都是约请晓寒老师主持设计，但他都安排分配给其他教师、学生，自己不画。在为厦大陈嘉庚纪念堂创作巨幅国画时，他还让我和卢乾当助手，历时半年，补贴都给我们两人，自己一分钱也不拿。

晓寒老师德高望重，却从不以自己的名望和艺术作品当名利的敲门砖，在对学生传授专业知识的同时，以自己的言行，"润物细无声"地潜移默化学生。

晓寒老师常说，能帮助别人，也是"直接、间接为祖国四化建设做贡献"，也能"精神抖擞，心安理得"。我记得就在他病魔缠身不能再为老年大学上课时，他也时常在病床上为前来请教的学生指点。这种忘我的精神，着实让我备受感动。同时，他还嘱咐我准备教材，替他去上课，不能使老年学员的学习中断。

忆名家话晓寒

1988年,积劳成疾的晓寒老师因病医治无效,过早地与世长辞。恩师逝世后,我将悲痛深深地藏在心里,一边遵照恩师生前的嘱咐,接替他在老年大学国画班的教学工作;一边和学兄、学弟们筹划为恩师出版画集、整理年表、举办遗作展。同时,我也牢记恩师"要继续画下去"的遗嘱,积极地探索自己的创作新路。

晓寒老师几十年教书育人、言教身教并重,他一直告诫我们:"人品先于艺品""做人不行,艺术也不可能学好""品格不高,落墨无法"。他说:"搞美术教育的就应该把学生的心灵教美,首先自己就要具备一个美的心灵","要有点克己复礼"。

我将永远铭记在心。

采访:叶子申
整理:叶子申
供图:林　生
时间:2023年5月24日
地点:厦门黄金大厦辛缘书屋

一代师表，真情千古在

1968年晓寒先生所作《坐看云起图》　　1976年晓寒先生所作《新松恨不高千尺》

1976年晓寒先生所作《剑阁图》

※ 葛自鉴

感念张晓寒

在艺校时,我与张晓寒老师的关系是比较好的。

我最后一次和张老师见面是他生病的时候,我去他家看他。当时他已病入膏肓,只能躺在床上,在他房间的地板上铺满了国画。我一看,由衷地说:"张老师,您这画太漂亮了!"张老师就问我:"你喜欢吗?你喜欢哪一幅你就拿。"张老师越是这样讲,我就越舍不得拿。我心想,张老师这时的身体都到这种状况了,他的画拿一幅就少一幅。因此,他的画我没有保存。

我特别遗憾的是张老师走的那一天,我没能赶得及与他见上最后一面。那天我刚好订了下午2点多飞往上海的机票,准备离开厦门。突然,他的学生林生给我打电话说张老师不行了。我赶紧赶到他家,到了一看,已经好多学生守在那里了,张老师躺在床上刚刚走了。那下子我就忍不住大哭起来,从北京到厦门,我都没有哭得那么伤心过——送走了那么多人,包括我先生走的时候我都没有哭——这种感情也解释不清楚,就是特别伤心,出了门后眼泪也还是怎么也止不住。直至今日,我还经常会想起他,怀念他。

我是1961年在厦门工艺美院认识张老师的,当时我大学刚刚毕业,到艺校陶瓷科教图案。虽是陶瓷科,但学校所有的图案课都是我在上。

受到父亲的影响,我从小喜欢画画。最初我学的是会计,从南邮毕业后在邮政公司工作了四年。后来在干部考大学的契机中,我很幸运地考入了中央工艺美院,在学校表现算是不错。1961年我毕业那年,当时艺校的书记是王耀华,因学校没有图案教师,看我在中央工艺美院图案基础打得比较好,就亲自去学校把我要来工艺美院。当时工艺美院来了三个大学生,另有一个是陶瓷专业的,一直教陶瓷造型;一个是装潢专业的,就在装潢科。

我因和张老师在一个科室,跟张老师接触的时间就比较多。加上和张老师是同乡,初来乍到就觉得张老师很亲切,为人很厚道。张老师对我们这些新来的人非常关心,以老带新。当时的老教师还有好几个人,但我还是和张老师关系最好,甚至跟科主任的关系都不如和张老师来得亲切。

  我到艺校的时候,就住在鼓浪屿小白楼走廊加盖的小房间里。房间小小的,只能放一张单人床和一张桌子。王耀华也住在这栋楼里,他是很惜才的一个人,一直提倡老教师要老带新,对老教师非常尊重。那时,张老师也经常到王耀华那里,拿笔示范,教王耀华画国画,我就跟着在边上看。这样一来,和张老师又多一层关系,和张老师就更熟识了些。张老师对我也很好,虽然他的资格比我高,但是一直很尊重我,对我备课的东西很认可,给了我极大的鼓励。

  初识的快乐日子没太久,就遇到了动乱的特殊时期。张老师在那个时候被批斗得很惨,从校长开始,刨他的材料,把他说得一塌糊涂。谁跟他接触都要被敲脑袋,我也反复被敲,就一直问我和他是什么关系。

  那个时候人心惶惶,公安局就跟大家说不要和他接触,如果要保学校书记,就要揭露他。其实当时说要揭露他,我个人就感觉他没有什么可揭露的。但是我们多数人也不了解情况,只能听领导的话,他们怎么说,我们就怎么记。我这一代的年轻人,跟他在同一个科的总共有四个大学生,都揭露不出什么来,也就乱讲乱刨了。

  这是过去的事情,也是很可悲的一段经历。那个时期,在学校老师中张老师是被斗得最凶的。造反派把他批斗得很厉害,他被带到学校的门口,就在那里被年轻的学生打,直到把他打昏倒在地上。而且连续批斗了好几场,厦门群众批斗会,那"坐飞机"式的批斗很吓人。当时谁都不敢跟他接触,因为谁接触谁就是跟牛鬼蛇神在一起。其实我也算是牛鬼蛇神,因为大学生都是属于被革命者,还有我当时家庭出身也不好。在那样的情况下,四个大学生一个也不敢和他接触,基本上你叫怎么批斗他就怎么批斗他,就感觉当时整个过程是比较惨的。所有的老师也都是墙倒众人推,只有杨胜一句话都不说。他的得意门生邱祥锐、吴美蓉讲得最多,都是乱讲。有些学生去找张老师学画,也只能偷偷地去找他,张老师也不声张,默默地保护好学生。当然,在我的内心是极尊重张老师的。"文革"之后,我还和王耀华一起去张老师家。王耀华主动向张老师赔礼道歉,我看着也是很感动,能够感受到那是很真诚的。

  那段时期,张老师在学校劳动,我们其他人下放的下放,调走的调走。当时我是愿意下放的,但要求带着爱人、七八十岁的婆婆和孩子一起走。我

感念张晓寒

爱人也是被批斗的对象,被限制不能走。因此,就把我调到厦门一中去。

1974年,学校复办。艺校一直要我回来继续教图案,但是我不敢回去,因为矛盾结得很深。加上一中也不放我走,我就一直待在一中。直到1979年,艺校一再给我写信,还是希望我能回校,我就再次回到艺校了。

我重新回到艺校的时候,张老师已经"解放"了,也是市里的人大代表。张老师为学校做了很多工作,是十分正派的一个人,而且不会人云亦云,他有他的看法,这从他的话里就可以看出来。张老师对学校的一些事情看得很清楚,而且很犀利。我十分感叹,就感觉他走得太早,如果再晚十年,学校就不是现在的状况。

我回来后,张老师基本不上课,都是一些社会活动。我的课程则特别多,当时的服装、雕塑、家具等专业,都需要上图案课,我一个人上300多节将近400节课,是当时所有的老师课程最多的一个。而当时45岁以上的老师课程最多不超过200节课。加上没有办公室,我又住在岛内,我们后来的交往不是很多,但关系是好的。

1980年后,我开始尝试创作闪光玻璃画,张老师也很支持。我给华侨博物馆画的玻璃画《兄弟源远流长》,40年来一直挂在华侨博物馆。从那幅画后,我决心要画闪光画,当时花了很多精力,一边工作,一边到处跑买

1982年11月,福建工艺美术学校建校30周年校庆部分来宾与教师合影
(左一:杨夏林;左七起:郑可、张仃、陈骏、徐斌、孔继昭、张晓寒、葛自鉴、陈忠)

材料。

我给报刊人事部画了几幅人大的闪光画,省电视台看到画风很新颖,就层层打听找到我。他们说想做个专题,问我学校支持不支持。我跟他们说学校是不会支持的,因为当时学校对我压得很严。果然,专题在播出前被学校叫停了。后来,省台的专题组就把这个片子大江南北地往各个电视台到处送,在其他地方播出了。播出后送到中央电视台,中央台专题部主任觉得这样的电视太短,8分钟不够,要求省台再拍一次长的。省台专题组又来找到我,想要补拍,说要把学校、个人经历和作画过程完善一下。后来还和市委宣传部联合起来要我拍,我拒绝了,因为害怕产生新的矛盾。这个过程张老师都很清楚,全国各地包括国内外,共有十几家的电视、媒体都关注报道了。后来学校不支持,我感觉比较吃力——当时校领导是希望他的人来参加,这样就变成是他的东西。这样持续到1993年,我的教学压力太大了,就没有怎么创作。此后,我要求退休、评职称的事情,都被人为阻挠。

工艺美院的情况就是这么复杂,盘根错节,但张老师很清楚自己的目标,就是要办学。他也不要什么个人光环,是十分正派的一个人,这样的人现在很少很少了。如果张老师在的话,我们这些人可能会团结在他周围,学校会有更多的转型机会。

现在,张老师桃李满天下,有好多学生都在想念他,有几个学生的风格也都是向他学习的,比如良丰、杨胜,人品也和他很像。应该说,张老师的教学非常认真,培养很多人。张老师不仅在校内上课,还在校外老年大学上课,都是无私地、无条件地做奉献。

采访:许武扬
整理:谢晓婉
供图:葛自鉴
时间:2022年
地点:葛自鉴工作室

❋ 邱祥锐

"一管到底"的教育家

张晓寒老师的一生与美术教学密切相连。

在鹭潮美术学校的发展瓶颈期,张晓寒老师提出了工艺美术的办学方向。他花费了很大的心力,走遍全省摸清各地的工艺美术情况,到处搜罗人才,将彩扎艺人柯石头、泥彩塑艺人徐栓等人引进学校,组成班子开始了工艺美术教学方面的探索。

1955年,张晓寒老师创办造型艺术补习班"试水"工艺美术教学。当时报考这个班需要审批,我们要先把自己的美术作品寄到学校,审查通过才能发放准考证参加考试。

我在1956年考进造型艺术补习班,张晓寒老师正是我们的班主任。张老师待人非常可亲,也很擅于教育学生。他在课堂上讲课认真细致、深入浅出。比如他教我们画画,会细致地跟我们说怎么使用虚实黑白对比。画山水时,他搬来了一堆的石头,让我们"以小观大"去写生,教我们从小小的景致之中去看见大山大水。这种教学方式,我在后来教书育人的时候也一直在沿用。

我的运气极佳。1956年鹭潮美术学校正式转为厦门工艺美术学校,我也从造型艺术补习班学生转成美校中专三年制的正式生。1959年毕业时,学校升格大专,我又继续留在学校读书,直到1961年毕业留校,有幸看到学校在工艺美术教育方面的蓬勃发展。而且在张老师四处寻找艺人的时候,我多次随他出访。

造型艺术补习班从某种程度上来说,是工艺美术课的萌芽,也培养出了黄秋山、王人长、蔡清艺等优秀毕业生,作为后备师资留在了学校。此后,厦门工艺美术学校的工艺课程涵盖了很多专业,包括彩扎、泥塑、木偶、刻纸、广告等。在张晓寒老师邀请手工艺人的作用下,专业发展迅速。

对于新开设的课程,张老师几乎每个课程都亲自关照。因手工艺人擅长手艺却不擅长知识讲解,张老师会给大家讲课,也让手工艺人示范整个工艺过程给大家看。就这样一边教授,一边展示技术,促使技艺在学生心中形成认知体系。

那个时候,我们班的宿舍楼就在张晓寒老师房间的楼下。他上楼的时候总会从我们这里经过,而他也会习惯性地去看看我们,关心我们的情况,帮大家盖盖被子。

我记得当时我们所住的八卦楼宿舍没有圆顶,院子直接通天,每逢下雨天,雨水哗哗地往下落。再遇到夏天风一吹,周边家属养鸡鸭混和各种臭味直往宿舍里灌,住着特别不舒服。于是张老师就带着我们班的同学,把荒芜的一侧整理成小花园。我们晚自修后就到自己整好的小公园里看鹭江道上的万家灯

20世纪80年代初,胡一川先生来访,摄于晓寒先生寓所
(左二:邱祥锐,左四:胡一川,左五:张晓寒)

火。在那样的环境下生活,心中就有萌生更多的舒适感。随后,宿舍另一侧的绘画班也发动整理,学校的环境更加美化了。

后来,张晓寒老师把母亲、师娘接来厦门。我也陪张晓寒老师一起在鼓浪屿上找宿舍。当时张老师一个月工资70多元,还有一大家子要养活,因此,他想的是经济实用就可以。最后,我们找到了鸡母山宿舍,这里比较僻静,适合隐居,此后张老师一家子就在这里定居下来。

张晓寒老师是一个有心人和热心人。在我记忆深处,一直挂记着被张老师照顾的事情:1956年我从永春来厦的时候得了痢疾,不得不住进厦门第二医院。住了一个星期,一共产生了64元的医药费。当时的64元就是一个天文数字,我跟张晓寒老师说,我没有钱,不知道应该怎么办。张晓寒

老师就赶紧去找当时的许霁校长,两人一起到第二医院找院长申请减免我的医疗费用。院长自然是不同意的,张老师和许校长就一直待在院长办公室不走。一段时间后,医院院长问我:"那两个人是你什么人?"我如实地告诉他,一个是我的校长,一个是我的班主任。院长十分动容,他说既然校长和班主任都出动了,那就为我申请费用全免。最后,我一分钱都没有交就出院了。

我算是张晓寒老师的第二个弟子(第一个是杨胜),我的绘画之路,同样受张老师的直接影响。住在八卦楼的时候,我常常跑到楼上向张老师请教,让他帮我修改国画。久而久之,我的画作有了张老师的影子,其中有一幅参加过华东美展的《山城小事》,也在上海美术杂志上发表,这里面的画风和画法和张老师非常接近。

1980年夏,赴福州参加福建省工艺美术学会第一届第二次理事会游鼓山涌泉寺

(左三:张晓寒,右一:邱祥锐)

忆名家张晓寒

　　1961年，我大专毕业后到广州美院进修山水画。然而从广州回来，因学校没有教小写意的老师，我就学习花鸟画课程，师从石延陵老师。看到教材时我傻眼了，教材里要求的是大写意，这与我学习的天差地远。怎么办呢？张老师知道我的处境后跟我说，他的家里有一套《三溪堂》画谱，这里面就有梅兰竹菊的画法。在张老师的推荐下，我就先拿来学习，熟悉大写意的传统理念。

　　为了让我有更好的感知，张老师还特地带我去拜访了厦门的海派画家许其镇，让他为我演示梅兰竹菊的画法。张老师陪我去观摩了两次，一次看画兰花和竹子，一次看菊花和梅花。现场看画让我大开眼界，从理论到实践，许其镇边画边讲，让我受益很深。回来之后再落笔，明显有很大的收获和提高。

　　可以说，张老师是一个很负责任的老师，是一个负责任的美术教育家。这种看似和他无关的事情，他总是这样一管到底。我去广州美院进修学山水画的时候，张晓寒老师也非常支持。还特地委托他的好朋友张人希老师，请他帮我写一张介绍信给广州美院的黎雄才，希望我在那里好好学习。

　　对学生的关爱和负责任是张老师的显著特点。而在工艺美术教学上，"学以致用"一直是张晓寒老师的方向。在经济发展大潮中，工艺美术也派上用场，学校也越来越受到重视。"半学半厂"之下的工艺美校和校办厂成为发展的"双翼"，一度创造了学校的辉煌。

　　在1959年新中国成立十周年大展上，人民大会堂福建馆的布置任务就落在学校身上。张老师当时在校办厂做总技术顾问，为了出精品，每个车间他都会亲自去走走看看，进行现场指导，而我就像他的助理一样，他走哪我就跟哪，也学到了许多东西。

　　这期间，我们也配合完成了不少作品。其中张老师创作了《郑成功收复台湾》雕塑，在郑成功的身边设计了一个部将以及正在投降的荷兰人。这件作品由柯石头做彩扎，张老师刷泥土，刷一定厚度后，再做雕线、龙纹、水纹等，最后由我来填色、开脸。作品入选了当时的全国工艺美术展。

　　此外，十周年大展，交通厅和民政厅的展示也交由学校完成。

　　张老师帮交通厅设计了鹰厦铁路通车的场景：环山之中，一条铁路穿山而过，火车在山间飞驰奔跑。为了完成这件作品，张老师用纸皮做成连绵起伏的山峰，再用粘香堆出山的形状，此后我们一起为山峰上色。造景完成后，张老师特地请来电工吴长远，让他帮忙解决火车奔跑的问题。

"一管到底"的教育家

　　而民政厅的作品，张老师以畲族十年来的变化进行展示。从破破烂烂的场景到十年新变化，在布景箱中一一展示，而布景箱后的山水，正是出自杨夏林老师之手。

　　为了完成这三大件，总共耗费了好几个月的时间。不过，在张老师的带领下，福建展厅获得了一致好评，也再次擦亮工艺美校的招牌。

采访：许武扬

整理：谢晓婉

供图：邱祥锐

时间：2023年9月14日

地点：厦门卧龙晓城清凉斋

忆名家话晓寒

※ 陈伯钦

晓寒老师和我亦师亦友

1973年,我受省里有关单位的委托,从福州调来厦门,参与复办福建省工艺美术学校。当时我在厦门认识的第一个人就是张晓寒老师——在此之前,当代著名书法篆刻家、曾在福建省手工业管理局、福建工艺美术研究所供职的周哲文,给晓寒老师写了一封推荐信,把我介绍给他。我拿着这封信来到晓寒老师位于鼓浪屿鸡山路上的家里,第一次见到了他。那时他穿着青年装,看上去有些沧桑,但谈笑间十分爽朗。从此之后,我就和晓寒老师结识了,并且成为好朋友。

实际上,那段时间仍在"特殊时期",学校复办后,晓寒老师还在鼓浪屿上做着辛苦的劳力,每天都要拉独轮车。我觉得这样的工作对老先生来说会吃不消,就给工作队的干部建议,给晓寒老师换一个工作岗位。后来,晓寒老师被安排到学校的图书馆去做管理工作,免去了体力劳动。再后来,晓寒老师又逐渐回到了教学岗位上。他对我是感激的。我们经常在他家里谈论书画,说古论今。有时候他请我喝酒,有时候我请他喝酒。当时条件比较差,我们就一起喝地瓜酒,那酒味道很呛,价格也很便宜,但酒逢知己千杯少。我们经常对酒当歌,笑谈人生,快乐几何。

师法古人却不避世

认识晓寒老师多年,我们的关系亦师亦友。我对他是从心底里尊重的,我认为他是一个真正的文人。他少年时曾考入位于四川的国立艺术专科学校国画系,受教于吕凤子、潘天寿、李可染、黄君璧、傅抱石等名师,艺术上既师古人又师造化,形成鲜明的个人风格。他从不间断地对古典文学、画史画论和音律、戏曲等其他艺术门类的研习,广征博采,积蓄深厚学养。他也十分推崇古时文人先贤的作风,诗书画皆通,而且有强烈的家国情怀——他曾进入政协全国委员会秘书处文化俱乐部工作,后来得知他的同学杨夏林等人创办的厦门鹭潮美术学校(福建工艺美术学校前身)缺乏师资后,就主动放弃在北京的工作,来到厦门鼓浪屿,成为学校的一名教师。

在教书育人和艺术创作中,晓寒老师常以笔墨修身养性,陶冶情操。他十分注重生活体验,多年来的足迹遍布川黔陕桂、江浙皖赣、滇陇湘鄂等地,积累了丰富的创作素材。他创作的一系列体现现实题材的《虎溪月夜图》《大王峰》《海堤图》《热风暖浪》《英雄山下》等画作,都极具乡土气息和福建地域特征,影响了厦门乃至福建的一代画家。

不过,虽然有文人的情怀,晓寒老师却不像古代的文人那般避世,他讲究艺术要和实践结合。他是第一个提出美术学校要从单纯的美术教育向工艺美术教育转型的人。这一转变符合社会的实际需要,奠定了学校的发展基础。

在日常的教学工作中,晓寒老师也亲自负责学校的工艺美术课程,聘请民间老艺人来校辅助教学,并建立了工艺美术实习工场,深入挖掘民族民间工艺传统,组织开展工艺美术创作。他还关注福建瓷器的生产恢复与实际应用,多次奔赴德化、磁灶,调查古窑址的分布与保护情况,研究德化瓷的发展历史、工艺特色,同时鼓励学生扎根德化,潜心创作。在厦门,晓寒老师培养了一大批实干兴邦的专业人才,身体力行地推动了厦门乃至福建工艺美术事业的发展。

应该说,晓寒老师的后半生都在积极投身于厦门美术行业的发展。自1978年改革开放后,从"特殊时期"走出阴霾的晓寒老师更是频频"发声",助力厦门文艺事业发展。

那段时间,他积极协助厦门市文联,联系美术工作者,筹备厦门美协的建立,并被推举担任厦门美协主席,承担美协的日常事务工作。1981年夏天,晓寒老师积极献策献力,参与筹划、组织成立了厦门工艺美术学会,为全市工艺美术行业和工艺美术工作者营造了学术活动与技艺交流的平台,使厦门的工艺美术事业出现了蒸蒸日上的气象。

我回忆起来,那时候的晓寒老师真的特别忙,经常忙到半夜才从厦门坐轮渡回到鼓浪屿,从码头走到家里,再处理完事情后,都要到半夜才能休息。但他似乎从来不觉得累,像是有一股永远使不完的劲。

忆名家话晓寒

对朋友很仗义

和晓寒老师相识多年,我熟悉他为人淡泊名利、热忱谦和、刚正不阿,人品和画品都极受赞誉。

他曾先后为厦门鹭江宾馆、厦门大学陈嘉庚纪念堂、郑成功纪念馆、南普陀寺接待厅等重要场所不计报酬绘制作品。他倾注心血一手创立厦门书画院,画院成立后也都功成身退、主动让贤。20世纪80年代初期,晓寒老师主持厦门高崎机场候机楼壁画的总体设计,他组织厦门市老、中、青三代画家提交体现厦门特色、装饰效果佳的美术作品,却唯独不挑自己的。他还利用出差、采风、开会的机会,深入山区、工厂、矿区,举办学术讲座,热心辅导各地美术爱好者,把美术教育从校内带到校外,以饱满的热情服务于社会。

晓寒老师对学生、朋友都是十分看重的。在对待学生方面,晓寒老师是老师又似慈父,不仅教导学生专业课外,还十分关心学生的生活并为其解决困难,甚至专程为学生毕业后的就业问题四处奔走,亲自带着学生到各家公司推荐,这样的举动令许多人动容。

晓寒老师对朋友很仗义、谦让,也很照顾。在他生病最严重的时候,有朋友从远方来,他总是邀请我去陪他的朋友一起吃饭、喝酒。他的学生来看他,最后要拍照合影时,他也都让我坐在中间。

有一年,我因为到中国美院去学习,被学校扣了很多钱,甚至影响到家里的日常生活。有一回,我爱人路过鸡山路时,遇到了早早等在那里的晓寒老师。原来,他已经在那里等了好几次。那次,他拿了厚厚的一叠人民币,大概有1000多元,交给我爱人。他当时对我爱人说:"你们被扣钱,生活都快过不下去,我这里有一点钱,你们先拿去补贴家用吧。"我爱人当时连番推辞了很多次,感动地都快哭了。这件事让我记了一辈子。

晓寒老师在世的最后一年,他的身体已经极度虚弱。有一次,他开口问我要画,挂在他的房间里。我赶紧创作了两张花鸟画——一张是梅花题材,另一张是荷花。我曾经答应过他,要送他画,但由于各种原因,一直到后来才履行承诺。

我仍记得那天,当我把画拿给晓寒老师时,他挣扎着从病床上爬起来,靠在师母身上,戴着眼镜很认真地"读"画。没想到,没过几天,晓寒老师就与世长辞了。

1981年夏福建工艺美术学校磨漆画班毕业合影

（前排左起：郑力为、洪瑞生、陈伯钦、许经鼎、张晓寒、蔡肇基、郑起妙、颜世蛙、吴嘉诠）

如今每每想来，都觉得晓寒老师的过早辞世，对于厦门乃至国内的艺术界都是不小的损失。可以说，晓寒老师的一生，是献给厦门工艺美术事业的一生，也是团结带动更多人服务奉献社会的一生。虽然晓寒老师过早离世，但好在他的门下弟子众多，且不断传承和发扬他的高尚品格和高超艺术，为厦门乃至我们国家的文化事业做出新的贡献。

采访：叶子申

整理：叶子申

供图：陈伯钦

时间：2023年8月

地点：厦门东坪山象外轩

✿ 马心伯

我与晓寒老师的情缘

我和张老师是师生、是同事。我们之间的交往不算太深,但在我的雕塑和绘画两大艺术生涯中,张晓寒老师都是影响我的第一人。

1958年3月,鹭潮美术学校春季招生。我从安溪来到厦门参加入学考试,当时我的主考官就是张晓寒老师。当时他三十五六岁的样子,在我们十几岁的孩子看来,他就是一位"老先生"。考试之后,我被录取到雕塑专业,也是张晓寒老师分的班。因此,我的艺术方向是张老师"定"下的。

我同时也是鹭潮美术学校从纯美术专业向工艺美术专业转型的首届学生。张老师是工艺美术教育的倡导者和践行者,他对学校的发展贡献功不可没。1958年正处于"大跃进"时期,学校有校办工厂,在我的眼中,张老师是一位极度忙碌的人,在学校和工厂之间来来回回地跑。作为学生,我对他仅停留在"认识"阶段。

在学校读书期间,学校不允许我们画画,因此,我与张老师的私交甚浅。在我的印象中,张老师仅给我们上过一两周的课,给我们介绍了陶瓷的历史,以及不同陶瓷在不同年代的特点、风格等,课后让我们设计彩塑玩具。

我于1961年毕业,留在雕塑科任雕塑科秘书,主要工作就是打打杂、领领东西。张老师在陶瓷科,我们基本上没有什么交集。到了1964年,我开始担任雕塑科长,身上还落着民兵排长、班主任、老师团支部组织委员等责任,几乎从早忙到晚,与张晓寒老师的关系始终没有机会更进一步。

但我知道,张晓寒老师是一位人缘极好的人,却没能躲过"文革"。1966年春,我被派去参加省二轻厅组织的采风活动,有很长一段时间在武夷山体验生活,为第二年的创作做准备。当我回到厦门,发现学校不知道在什么时候突然"变了天",墙上贴满了大字报,张老师因人缘好、朋友多,他的家被指

我与晓寒老师的情缘

为"鸡母山黑店"。周边的人都在围攻他,而我们因为是新进的老师,平时与他没有什么接触,也不曾参与到学校过去的活动,说不出什么"黑料"。

后来,随着"文革"的深入,许多老师都遭了罪,特别是年纪大的、经历多的老师都面临了相同的问题。我记得当时张老师也被隔离审查了,他和很多人被关在大厅里,一人一张桌子就坐在里面,我们来来往往都能看得到。

那段时间,我因"串联"从厦门走路走到韶山,花了好几个月的时间,对学校的具体情况不是很了解。当我回来的时候,在校红卫兵已经把被定性为"黑帮"的老师拉去劳动改造,除草做卫生。而我从韶山回来之后就开始发烧生病,十分严重,不得不回到老家休养。因此,几乎和学校断了联系,直至成立"革委会"后才回来准备复课的事情。

1970年,我在厦门人民防空领导小组办公室工作四年,直到1974年学校复办后才调回去分管教学。学校刚刚复办的时候,学生只有60人,教师也很少。经过两三年的复苏,学生渐渐多了起来,学校的老师十分紧缺,张老师才从管理学校仓库中"解放"出来,重新走上课堂教国画山水。

从原来的师生转为同事,我因孩子太小白天上课、晚上做家务,沉浸于琐事无法与他人能有过多交流,包括杨老师。但在我心中,我是极喜欢张老师的国画的。当时他与杨夏林老师都在教国画,杨老师的画写实,实得不能再实;张老师的画大道至简,简得不能再简。张老师的画很少有人看得懂,但我却一直很喜欢。

1976年,我们到其他的学术院校交流学习,在山东的时候一起登了泰山。从泰安上泰山,我们先抵达中天门,轻缓的行程让我一开始感觉泰山不过如此,在福建不管哪座山头都比它高。看到南天门的时候,才发现山外有山,南天门的四周到处都是烟雾,看不到山体,只有一个"南天门"的建筑仿若挂在天上。

拾级而上甚是艰辛,一瞬间我就失去了攀爬的信心。然而在我的身边,有位80岁的老太太在她两个60多岁儿媳妇的陪伴下,还不断地往上走。这对我的触动很深,那一刻我就特别想把这个场景画下来。这是我第一次"画"国画,画完后拿着稿子,就跑到张老师家里请教。因此,张老师也成了指点我画画的第一人。

我完全没有画国画的基础,心中有感又急于表达。张老师也不含糊,拿到画稿后,他不仅帮我修改了稿子,还改了一首诗。我当时完全不懂国画,更不懂怎么画山水,画上有笔墨但是没有骨架。张老师就帮我添了几条线,把山的骨头架子拉出来。听了我在泰山的感触,还帮我把诗改成"岱宗巍巍出众山,仰面石梯入云天。八十老太犹抬步,少壮自应奋登攀"。

在他的润色之下,这幅作品变得很有意境,很鼓舞人心。

请教过《泰山图》后,我又画了一张日光岩的草图去向他学习。我此行的目的是想看他在画画时如何入手,是从近到远还是从远到近。于是我请他当面画给我看,他也爽快地应承了下来。只见他先从眼前的实景画起,先画了几笔英雄树,再从中景拉开至远景,一幅作品就此铺就。

回想当初,我对绘画的语言、形式、技巧一窍不通,对张老师的画认识十分肤浅,只觉得他画得既简练,又很有气势。好在1985年学校盖了老师宿舍,我和张老师都搬进去住。我们住在同一楼层,中间只隔了几个房间,这样一来,彼此间走动的时间就更多了。我只要一有空,就跑到他家里看画,向他请教。

那时,张晓寒老师经过"文革",在师生中的威望反而更高了。因他对教学的认真负责,对学生的关照,很受师生拥戴。再加上省人大代表、市美协主席、老年大学老师等社会工作,张老师的画画时间只能在晚上十点以后。因此,我们几乎看不到他当场画画,在他家里欣赏到的都是画好的作品。

一来二去,我开始慢慢看懂张老师的画,然而直至现在,我也不敢说自己真正理解张老师的画。相比起杨夏林老师画作的雅俗共赏,张老师的画很多人看不懂。我也是到晚年退休,读过很多书、看过很多画后,才看懂张老师的作品意境很深远,富有生活气息和笔墨情趣。张老师的山水画笔墨简练,空气流动的感觉非常强烈,极具空间感。他有一幅画武夷山晒布岩的泼墨山水,山峰画得十分大气,在山底下还画了几幢房子,不见人影,却通过房子上的炊烟,让人想象到其间的生活场景,意韵很深。我个人以为这幅画和张大千晚年泼墨山水比较,其所富有的生活气息、墨韵、构图等都要远高于张大千。而在艺校,张老师的文学修养、艺术修养,也是鲜有人胜的。

没有直接的师承,张晓寒老师那种很简练的风格,点染的笔墨气韵,同样影响着我。我对张老师的作品的偏好,也是一种艺术风格追求上的共鸣。张老师的画作极简,我的雕塑作品同样追求简练。在教学上我崇尚"基本型

我与晓寒老师的情缘

1989年,马心伯创作的张晓寒塑像陈列在纪念张晓寒先生逝世一周年美术作品画展上

加减法",带学生到虎溪岩观察自然,让学生领悟"点、线、面"的雕塑语言,这和绘画其实是相通的。在我看来,张老师的画吸收了龚贤的山水画简练笔墨将其运用在画面当中,同时也运用到了潘天寿画石头的方法,比如画一座山就是画简单的几何造型,然后用线条、用墨来体现石头的立体感觉。

尽管张晓寒老师的画作很精彩,但他并不认可将作品"商品化"。20世纪90年代,在市场经济如火如荼的时候,很多人委托画廊卖画。我也向他建议,让他拿几张画到画廊寄售。张老师问我:"你知道我这张画能值多少钱吗?你能说清楚吗?"张老师语重心长地对我说:"画只有藏画于民,才可能永久。人家喜欢你的画,向你要一张画,像宝贝一样藏着,才有可能一代代传下去。作为商品,不管有没有办法体现价值,不要了他们就扔掉了。"也就是说,张晓寒老师并不主张把绘画当成商品销售。所以你会发现,学生、朋友向他要画,他都很慷慨地送画。而我们作为老师,知道画一张画不容易,是不敢轻易向他讨画的。

· 59 ·

1976年晓寒先生为马心伯示范作日光岩图

张晓寒老师把自己的一生献给学校、献给厦门。他画了很多福建的山水,不仅在福建特点鲜明,在全国也是独树一帜。晚年时,他为艺术事业奔忙,在病榻上还记挂着学校。动手术那天,我们去医院看他,医生刚好做完手术,拿着从他胃上割下的肉给我们看。当时,他已经病得很重。我们学校老师也常常会去看他,他也用自己的方式关心着我们。有一次,他问我们平时都读些什么书,我回答说:"读《心经》。"他问我读了《心经》有什么感悟。我答道:"读了之后,只感觉一句话'世间本无我,有我也无我',主要是要正确地看待自己。"当时,他身体很虚弱,并没有接话。张晓寒老师辞世之后,大家都以自己的方式纪念他。他的老家特地为他在公园里面建了一座纪念馆,专门收藏他的画;他的学生也以策划画展、出版画册、编撰书籍等方式,不断地表达着对他的热爱。

  1989年5月,为了纪念张老师逝世一周年,厦门美协等单位联合在厦门、福州为他举办纪念展,张老师的关门弟子林良丰托我为他做一个头像雕塑。我凭着自己对他的理解,做了一个体量感很足的头像,因为在我的心里,张老师是个脑袋瓜特别发达,十分聪慧的人。因此,雕塑里我更强调的是整体的感觉,突出张老师的特征、神态,以此来表达对张老师的纪念之情。

采访:谢晓婉

整理:谢晓婉

供图:马心伯

时间:2023年8月

地点:厦门马心伯工作室

忆名家请晓寒

※ 卢 乾

春风化雨心系学生

在我读书的时候,鼓浪屿艺校在闽南地区很出名,我特别喜爱美术,一心想着报考艺校。当时,艺校老师的作品常常在中山路口的老文化宫展出。展出之前,老师会把画作拿到中山路上的裱画店进行装裱。我对美术兴趣十分浓厚,常常跑到中山路的书店、装裱店去晃荡,在周吉安的裱画店里,我就常常能看到张晓寒、杨夏林、石雪庵等厦门市名家的作品。

怀揣着对艺术的向往,1959 年,我和另外一位同学一起考上了鼓浪屿艺校。那个时候,张晓寒老师正在人民大会堂布置庆祝新中国成立十周年福建厅,我入学之后迟迟没能见到他。有一天,我们突然接到通知,说张晓寒老师回来了,准备在礼堂(也是我们的食堂)做《北京观感》的报告讲

1975 年春节与晓寒先生在日光岩下
(左起:叶天枝、张晓寒、林生、郑景贤、卢乾、杨胜)

座。那是我第一次见到张晓寒老师,他坐在讲台上,头发梳得很好看,一点都不像我想象中的"老先生"。他的报告十分有趣,博古通今,极有文化修养,大家都不自觉地被他的讲座所吸引,全场鸦雀无声。

经过这次演讲,我们对张晓寒老师的印象就更好了。在后来的日常学

习中,张晓寒老师教我们陶瓷课、美术课……在我们的眼中,他什么都懂,就连学校里的一位雕塑老师也是他教出来的。也因为张晓寒老师知识渊博、说话风趣得体,每每有重要的客人或重要的场合,省轻工厅的领导都会邀请张老师一起作陪招待。

我们1959级的学生都特别幸运,学校老师的水平丝毫不输给北京、上海的老师,张晓寒老师在教学之中还特别注重实践研究。德化瓷雕非常好,名声仅次于景德镇。张晓寒老师就亲自带队,让我们带上小锄头,一起去德化挖古窑看陶瓷,与当地的陶瓷师傅学习交流。我们有好几届的同学毕业后都分配到德化,后来很多又回归到艺校,我们笑称他们为"还乡团"。

我们学校开设有公益陶瓷美术课,张晓寒老师和德化艺人很有感情,常常邀请他们过来上课。1977年,正值张晓寒老师被打压,发配到图书馆管理图书,到食堂卖饭菜票的"空闲期",他带着我一起到德化拜访老友。

1975年与张晓寒先生在一起
(左起:张晓寒、卢乾、叶天枝)

在德化见到张晓寒老师,当地的老师傅、学生都很高兴。张晓寒老师有一位名叫宗海的学生就住在德化山上,得知老师来了就邀请到他家坐坐。那天我们上山,还没到他家门口,远远地就看到他的父亲穿了过年穿的汉服,很隆重地等在门口迎接。他们一家就像过节一样地宰鸡鸭、挖山笋,十分热情地款待我们。学生也赶到山下买酒,大家就在他家敞开着的小阁楼上一边看景,一边开怀畅饮。这时,突然下起了瓢泼大雨,原本是干土的路面在哗哗的水流冲刷下变得很有诗意,我们就在阁楼里听雨赏景。这个场景,张晓寒老师也将它记录了下来:连绵的雨落在地上流淌成美丽的瀑布,将整座山掩盖了起来。看了这幅作品,大家都在感慨张晓寒老师的画真是千变万化啊!

1977年与张晓寒先生在德化

(左起:郑景贤、张晓寒、林生、卢乾、叶天枝)

此后,我们还去了德化的九仙山,当时的九仙山没有路。我们一行人一边"开路",一边高喊"九仙山顶怎么走哇?"在回声的"引导"之下,我们终于爬上了九仙山顶。九仙山山顶气象站的工作人员也很热情,看到我们来了,拿起猎枪就准备去猎獐子——因为当时山顶的物资很紧缺,条件很差,只有竹笋或是鸭蛋之类的食物。虽然獐子没有打到,他却告诉了一条让我们很兴奋的信息:在山顶上可以看到佛光。所以在那天晚上,我们就一起住在山上。第二天天亮起来时,山上很冷,我还把自己多带的裤子拿给张晓寒老师穿,然后一起去看云。那天九仙山早上的云不是像平常我们看到的那样"飘"过来的,而是从山中滚上来的,好像大石头又好像巨人一样。

"糟糕,这天气又有云又有雾,看不到佛光了。"张晓寒话音刚落,突然间,风变云停,变得很晴朗。远远的天边还是有一层雾,但是这时突然就出现一个橄榄形的像人的眼睛一样的一条缝,正好太阳就在那个缝的中间,红色的太阳好像瞳仁一样,看上去就好像天的眼睛睁开了。张老师很高兴,他喃喃自语地说:"天开眼了!天开眼了!"当时恰逢拨乱反正,有了新的作为,也对知识分子进行平反昭雪。因此,偶遇这样的场景,张晓寒老师触景生情,有感而发。回来后就画出了"天开眼"的作品,还题了一首长诗,足足有一两百字。这幅画是张晓寒老师真情实感的自然流露,他由当下的场景联系到自身、联系到现实,再联系到整个民族,留下了一段历史痕迹。

后来我们又去了戴云山。此行老艺人陈其章也是像过年一样地接待了我们,还让他的儿子拿来了小篮子、小锄头一起到山上转转。山路上长满了野兰花,幽香阵阵,我们一路走就一路挖,十分有趣。当时我们只爬到了半山腰,只见四山环绕,山藏戴云院,张晓寒老师便将半峰山景挥毫入图,并题写了长诗,盛赞戴云之美,还补题了"当时因体力有差,只成坐井观天,未能一临绝顶为憾"等字。

此次德化之行,张晓寒老师留下了好几幅代表作,有《九仙山开天眼》《戴云院》《风雨过来总见晴》《九仙山》等。从这些作品之中,我们也发现了张晓寒老师的作品从原来关注旧文人的诗情画意,慢慢地着眼到新生活、新事物之上,风景画中添加了许多当下生活的场景,反映出更多的喜悦之情和对时代的歌颂。几年的艺校学习生涯,我与张晓寒老师建立了深厚的情谊。毕业之后,我被分配到漳州工作。但只要在厦门,我和林生等同学都要去张老师家喝喝茶、聊聊天,一聊就是一整天,以至每次回岛,我们都要大踏步地赶末班10点的轮渡。张晓寒老师待我们也像家人一样,冬天很冷的时候,他会用大牙缸装上香肠、花菜等,招呼我们喝上两盅再走。每次过新年,我从漳州回到厦门的第一个任务,就是把从漳州带来的淡水鱼送到张老师家去。

我在漳州的工作等于是荒废了专业,被"以干代工"下放到鞭炮厂车间,张老师知道我的处境时拍案而起,十分痛心自己培养了四年的人才被耽误。

1975年新春,我邀请他到漳州,他欣然前往。我就骑上自行车,带着张老师到九龙江畔转一转看一下。回到阁楼后,张老师一时兴起,让我拿来宣纸,准备现场泼墨。我们其实很少看到他画画,那天宣纸铺好后,张老师立

忆名家播晓寒

1978年武夷之行过漳州于九龙江畔

卢乾(左一)、刘守信(左二)、王仲谋(左五)、张晓寒(左六)、杨夏林(左七)

马开笔,落笔时你是不知道他要画什么的,后来越看越明白。原来,他是要画九龙江景。他画了沙洲又画上面的小城区,然后推远到出产水仙花的园山,把整个九龙江景拉得很开,我看得十分喜欢。他还在其间很随性地添上了几个人物,记录下了当时的所见所闻,有玩水的、有拍照的,为了意境融合,他还把当时看到弹吉他的场景改成了拉二胡的,整张画就像活了一样,非常富有生活气息。画完后,张老师还在上面题字:"七五年新春,茂乾弟约来水果之乡,同行有其铮兄、亚细、天枝诸弟。时于九龙江上,天枝摄影,晓寒用茂乾画法写于东风小阁。"整张画填得满满的。那次他没有随身带印,我还带回去补了下印章。

张晓寒老师是特别惜才的一个人。林锦璋画画不错,张晓寒老师不计3个小时的车程,带着他到安海、石狮去说情分配工作,也亲力亲为,带着廖毅林、林生等到文化局、文联去推荐人才。

我在漳州的处境,张晓寒老师也一直记挂在心。

1981年,正值厦门大学60周年校庆。厦大在一个很大的空房子里布置回顾展,房子的一边展示校史,另一边展示陈嘉庚的建校史,两项内容中间还有一堵很大的墙,足足可以铺满26张宣纸,但这面大墙要展出什么迟迟未定。正当厦大一筹莫展的时候,张晓寒老师提议可以画上厦大全景,厦大领导欣然认可。当时的厦大没有艺术学院,也没有美术老师,这件事就交到了张晓寒老师手中,他向厦大提议林生过来当助手打底稿,又建议调我一起过来帮忙。得到张晓寒老师的邀请,我把探亲假等各种假拼在一起,请了个长假就起身回厦门,全身心地投入"厦大全景"的创作中。

起初,想在厦大找到画画的地方并不容易,先是在校办办公室画画,放不下,后来又换到了宣传部礼堂。那种宣纸很大,四个乒乓球桌排开还展不开来。我们力排万难,在张老师的指导下完成了创作,张老师再做最后的添补、题字。

当时展出的两面墙很大,空白的地方厦大最初考虑要请北京、上海的名人来写字。张晓寒老师斩钉截铁地说:"都不用请,你们厦大就有一个大书法家、大篆刻家。"他推荐的是厦大的余纲老师,非常完美地完成了作品,内容也出自张老师:"热风拥翠耀东南。"余纲的字写得很好,题字的内容也十分出彩,当时的书记、校长都很满意,整个过程非常顺利,余纲还为我们每个人刻了个印,还刻了一枚很大的压角章。

借着"厦大全景"创作,张晓寒老师顺势推荐我到厦大工作。在他的帮助和周旋之下,我的关系得以顺畅地从漳州直接调到了厦大人事处,随后在厦大宣传部就职,几经波折,我终于回到了自己热爱的文化领域。

张晓寒老师心系学生,和学生的关系一直特别好,我们也都十分敬重他。每次张晓寒老师生日,我们都会出席。虽然他从不大操大办,只是简单地在鸡山草堂吃个饭,喝点小酒,我们都会赶到。

有次张晓寒老师生日前夕,我们正好去重庆参观一个美术展。为了参加他的生日,我在重庆人民会堂为他买了一条烟,还在当地出产陶器的龙枪找一位老太太买了盘子、碟子,准备送给他当礼物。我们从重庆过桂林经广州返厦,为了赶上张老师的生日,我们有个同学直接通过广州的亲戚买到飞机票,提前直飞回厦门。我和另外一个朋友还滞留在广州,这时距离张晓寒老师生日只有两天时间了。我们赶紧去买了直达车票——当时车子要走整整两天的时间,早上发车,晚上在诏安常山农场睡一个晚上,第二天下午赶到厦门,在最后一刻终于赶上他的生日宴,我们都特别高兴。

在张晓寒老师的家里,我们时常能看见他心底的真情实感。有一年除夕,我去张老师家里,看到他家的墙上挂了一幅不是特别大幅的画。当时这幅画前摆着一个茶具,上面放一个炉子,还上了一炷香。我觉得很奇怪,就问:"为啥挂这幅画,还上香?"他语重心长地对我说:"这是我的家乡,过年的时候挂来怀念怀念。"

张晓寒老师总是牵念着周边的人与事,对倾注了所有教育情怀的艺校更是如此。有一年,当时的福建省委书记项南来厦门大学做报告,提到福建艺术教育人才缺乏,问当时厦大的曾鸣校长能不能办一所艺术教育学院,想培养音乐和美术人才。成立艺术教育学院容易,但找到适合的办校校长却是个难事。项南书记就提到了鼓浪屿工艺美校,看看能不能合并办校。

为此,曾鸣经和张晓寒老师商洽之后,带着厦大的骨干人员一起到鼓浪屿工艺美校拜访,艺校校长避而不见。事情无法顺利推进的症结在于艺校的老师因学历、资历缘故不具备当大学老师的要求,为了确保队伍的稳定,延缓了合并办校事宜。

了解了问题所在,张晓寒老师积极想办法。提出了由厦大招生办学,录取的新生在艺校开班学习两年后再转入厦大学习的"曲线救国"路径,同时解决厦大专业老师的不足,以及两家学校归属不同的问题。尽管此事之后因故未能如期推进,张晓寒老师的拳拳之心可窥一斑。

采访:谢晓婉

整理:谢晓婉

供图:卢　乾

时间:2023年5月24日

地点:厦门黄金大厦辛缘书屋

龙江纪游（张晓寒作）　　　　　九仙天开眼（张晓寒作）

忆名家话晓寒

※ 白　磊

晓寒老师为工艺美术事业奉献一生

我与张晓寒老师熟识缘于工艺美术。

1966年我从双十中学高中毕业，1969年上山下乡，1971年分配到福建生产建设兵团一团工作，1977年调回厦门，在厦门第二轻工业局技术科分管工艺美术板块。在工艺美术公司成立筹备期，我又作为助手协助负责人做筹备工作，在这个时间段，我开始与张晓寒老师有更深入的交往与探讨。

厦门工艺美术学校校办工厂在1963年时就已归属厦门工业管理局（后来的二轻局）管理，因此，张老师与二轻局常有往来，经常过问工艺美术的事情。1981年，筹备成立厦门工艺美术公司和厦门工艺美术学会的时候，我们特地去鸡山草堂向张晓寒老师请教，他也说了自己的很多想法。他随和豪爽，讲到高兴的地方便会哈哈大笑。

可以说，张晓寒老师对厦门及福建省的工艺美术发展贡献巨大。他是一个考虑长远的人，为了让从学校毕业的学生能在最短的时间融入社会，他把眼光瞄准到实用性强的工艺美术领域，并于1955年提出学校的办学方向从美术向工艺美术转变。

张晓寒以绘画出身，为了实现转型目标，他自己找工艺美术教材，确定培养方向，琢磨工艺美术的技巧。最初学校试办了工艺班，开始培养工艺美术人才，师生从学习木偶头、泥塑开始。而后张晓寒老师又在学校内设置了实习工厂，教学与实践相结合试行了一年。1956年，工艺美术班正式办班，在挖掘民间传统工艺的同时，还着重研制刺绣、竹编等新的工艺品。

为了更好地教学，张晓寒老师在自己编制教材的同时，还到福建各地广泛征选民间艺人，包括彩扎、竹编、木偶头、剪纸、刺绣、陶瓷、漆线雕，甚至是舞台道具等。当时的民间艺人各个身怀绝技，却因手工艺主要应用于民俗场景，有才华无处施展，生活艰苦，很多手艺都濒临失传。在张老师的盛邀之下,艺人们来学校教学的积极性很高,有着极好的配合度。当时擅长做料丝灯的徐耀坤,也是张老师请过来的。他对张老师的评价是:"这个人太爽直了,有远见!"

在这些民间手工艺人的带动下,学校培养了不少的工艺美术骨干力量。同时,学校挖掘出了十几个工艺品种类,这也使得福建闽南民间技术得以更好地继承和保存。因此,我说张晓寒老师对福建工艺美术的发展做出了巨大的贡献。

1958年4月,学校又吸收本校的初级班、训练组的学生和厦门美工生产合作社的社员,一并转为校办附属厂的工人,正式成立了"厦门艺术学校附属工艺厂",设在鼓浪屿龙头路的一幢三层楼内,进一步培养批量的工艺美术人才,为生产综合性工艺品奠定了比较好的基础。

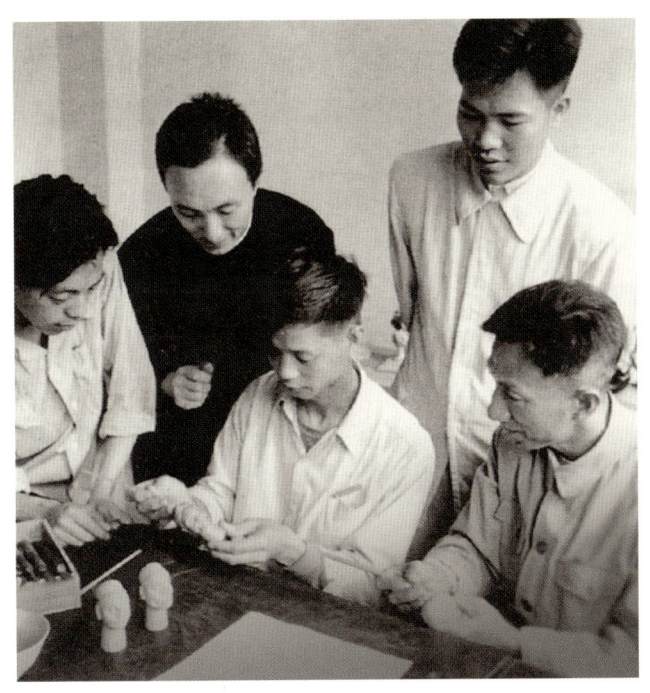

1956年,晓寒先生指导学生制作木偶头

(左起:蔡福祥、张晓寒、黄秋山、王祖训、许盛芳)

起初这座工厂并不以营利为目的,主要是为了给学生有个实习实践的地方,但张老师请来的民间艺人积极性高,创作出了不少新的产品。虽然规模不大,其创作能力和水平在当时得到社会很大的认可,北京人民大会堂建成之初,工艺厂的作品就被选入在福建馆进行陈列展出。在1961年,首批省级艺人评定时,通草花艺人陈祥义、彩扎艺人柯石头、木偶头艺人许盛芳、瓷雕艺人陈国安、漆线雕艺人蔡文沛都出自学校附属工艺厂。

1963年,原厦门工艺美术学校附属工艺厂并入厦门工艺美术厂,企业迅速发展,厦门的手工艺事业蒸蒸日上。然而在"文化大革命"中,厦门工艺美术厂风雨飘零,工人数量锐减。直到1972年,老艺人、老职工才慢慢回归,人员扩大到100多人,工艺美校也陆续将一些优秀毕业生分配给工艺厂。随着队伍扩大、产品创新,厦门的工艺美术在20世纪70年代大放异彩,到了1980年进入了前所未有的繁荣发展时期。

身在学校,张老师更是不间断地关心工艺美术行业的发展情况。每次碰面,他总会细细询问。1981年,张老师在武夷山写生,福建省工艺美术会议在武夷山举办,省作家协会会议也恰巧在那里进行,几拨人碰到一起,健谈的张晓寒老师从画画讲到工艺美术,谈了很多的设想。我想,他是有思考,动了很多脑筋的,一心期待工艺美术发展起来。那一次我们在武夷山聊得很迟,聊到兴起,张老师就让弄点酒来喝。我们所住的招待所简陋,酒店后厨也只剩下咸带鱼。我们便在小店买了酒,就着咸鱼谈了很久。他也不忌讳我的年龄比他小,畅谈许久,聊得十分投机。

我在1982年调到工艺美术厂任副厂长。前一年,经市政府批准,工艺美术厂已把四个车间划出,分别成立了四个独立核算的单位:厦门广告公司、厦门首饰厂、鼓浪屿绣品厂和厦门刻印厂,本部留下漆线雕、泥塑、彩扎、彩绘彩瓷、童装等,并进一步扩建投产。1983年工艺美术厂的综合大楼建成,当时老城区的高楼不多,美术厂的七层大楼在公园东路与百家村农贸市场的交界处,十分显眼。我们将大楼的一层划出来销售工艺品,不仅卖自己生产的,也卖全国其他地方的工艺品。当时张老师碰到我,就问我楼下在干嘛。我跟他说在卖工艺品,他追问道:"怎么不卖本地的?"我跟他解释说:"以本地为主,外地为辅。"他连连说:"这就对了!这就对了!"

我在工艺美术行业工作了10年,先后在工艺美术厂担任副厂长、厂长兼书记,不断见证行业的发展,更明白行业的繁荣离不开张晓寒老师播下的"种子"。工艺美校培养出了大量的行业骨干,支撑起了工艺美术的发展可能。工艺美校不仅为工艺厂培养人才,还是工艺美术厂的"智库"。工艺厂的彩瓷车间就请学校设计了很多图案。当时工艺美校的师资力量很强,大大弥补了工艺厂的技术短板。从工艺美校毕业的学生进入工厂,又进一步增强了工艺厂的技术力量。

晓寒老师为工艺美术事业奉献一生

  我们还特地在工艺厂创办了一个创作小组，以灵活的制度与工艺美校进行合作，不要求他们坐班，只要保证在规定时间有作品出来成交即可。我们也常与工艺美术学校的老师探讨，让他们将艺术创作与市场需求相结合。这些过程，张老师都会参与。

  工作期间，我在遇到人事问题的时候，总会让人去请教张老师，这是他所擅长的，总能帮忙处理好。而分配到美术厂的学生对张老师都非常感恩，常常说起张老师对他们的关心。漆线雕艺人蔡水况也特别感念张老师对他们的帮助：漆线雕最早在同安，主要做菩萨的线条使用。后来漆线雕工艺发展起来后，蔡水况等人把漆线雕用在瓷器上，创新成大众喜欢的工艺品。当时在打造他的成名作品郑成功雕塑时，他还特别去请教张老师，张老师给出了具体意见，帮他调整了手的姿势。大家对张老师都如此拥护，证明他的为人是不错的。

  张老师为人十分爽快，这在我第一次见他的时候就感受出来了。当时我看了他的作品，下笔果断，十分潇洒。我对他说："张老师，您的画很泼辣哦！"张老师说："这样画比较爽快。"他看了我的画，跟我说："你的画也有这种感觉，从这方面发展很好。"我从小喜欢画画，高中毕业时正逢"文化大革命"，与心中向往的美术院校失之交臂，之后跟着黄敏老师学习工笔画，向罗丹老师学书法。但张老师一眼就看出了我适合的方向，也给出了很好的建议。张老师很随和，我在跟随黄敏、林英仪、张人希老师学习写意花鸟之余，也会向张老师请教，他待人亲和，没有一些架子，只要有问都会细致地给予指导。

  张老师心直口快，也表现在他的为人处事之中。筹备工艺美术公司的时候，我们多次向张老师请教，他也从自己的认知方面提了很多建议。包括公司用人的选择，他也总是有一说一，没有丝毫的顾忌。当我们将心中的人选拿出来让他评定，只要是合适的他马上说好，觉得不行的就实事求是地说不好。我们也会漏掉一些重要的人选，他会直接建议，让我们一定要补上。

  张晓寒老师是一个很热心的人。厦门工艺美术公司、厦门工艺美术协会的筹备，他都有参与。但我们推举他担任要职时，他总是推辞，把机会让给年轻人。同时，他也时刻惦记着我们，1981年厦门美术协会成立，张晓寒成为美协主席。他让我一定要进美协的理事会，因为我一是画家，二是他觉得工艺美术这块特别重要，美协也不能少。我允诺他说："好，我进来当你助手。"

  可以说，张晓寒老师把自己的一生都献给了工艺美院和工艺美术事业。

而我们艺术界也需要有这样具有艺术素养又人品突出的标杆人物,张晓寒老师就是我们的榜样。

采访:谢晓婉

整理:谢晓婉

供图:白　磊

时间:2023年7月31日

地点:厦门黄金大厦辛缘书屋

✤ 张尚伟

宠辱不惊，文人风骨

我生长在鼓浪屿，同时也是厦门工艺美术学校的学生。

考入工艺美术学校之前，我在与学校一墙之隔的厦门二中读初中。初中就读时，我和何丙仲常常翻墙去看艺校的老师画画，也就在那时，我认识了张晓寒老师。

第一次见到张老师时，他与杨夏林、孔继昭夫妇正在学校里画鸡蛋壳。因学校比较困难，老师都会画鸡蛋壳补贴学校开支。我们当时年龄还小，只是觉得喜欢，便翻墙去看他们画。看到我们来了，他们也很关爱，热情地招呼我们说，进来看，没关系。当时艺校还有好几个老教师，但他们给人的印象最为深刻，特别是张老师，他既善于表达又比较亲切，我们就慢慢熟悉了起来。

1960年，我从厦门二中考到厦门工艺美术学校。我学的是工艺绘画专业，山水画课程由杨夏林老师任教。张晓寒老师在陶瓷科，我们没有直接的师承关系。他的人格魅力很足，我很小就关注到他，和他的交往也比较多，我会观察张老师的画画、闲谈，以及他教学生画画的教学过程。

1964年在厦门工艺美校毕业后，我被分配到闽北邵武，在邵武的文化馆工作了十多

20世纪80年代初，与晓寒先生合影
（左起：许文厚、张晓寒、张尚伟、汪天亮）

年。特殊时期之后，厦门工艺美术学校复办，在以往老师的推荐下，我调回厦门，在学校担任素描和色彩教学。

尽管我和张晓寒老师没有直接的师承关系，但是从我个人的喜好来讲，我特别喜欢张老师的画。他的画和他的为人一样，比较有格局，格调比较高。

张老师在画画时的观察方法和表现方法和别人不一样。开笔之前，他会先整体地走一圈，感受一番，才在纸上钩几根线，感觉草草的，其实已经了然于胸。

我记得当时张老师和几位老师在武夷山写生，大家一起画武夷风光。大家都在认真作画勾勒细节时，他和大伙开玩笑说："不要婆婆妈妈的，看一看就行了。"其实，这就是他的观察方法和别人不同，大多数人画画看的是细节，他的观察格局则比较大，站的角度比较高。他的画看似匆忙潦草，又非常真实，他有着很强的视觉记忆。

张晓寒老师曾经受业于吕凤子。吕凤子强调视觉记忆训练，这对张晓寒老师的帮忙很大。因此，张老师的画就和其他老师不同，最后的成画是由视觉记忆综合起来的。

我在闽北十来年，每年都要接触很多从全国各地到武夷山画画的画家。和他一样使用这种观察方法的，我只遇到过两个，一个是他，另一个是吴冠中。

看了那么多画武夷山的画作，画大王峰、晒布岩……大家一致觉得，就张晓寒的画最为传神。尤其是晒布岩特别难画，张晓寒老师很好地将它描绘了出来，极具神韵。

可以说，张晓寒老师对我们的影响不同于学校教育。他以自己的创作方法和观察方法，影响、启发着我们。

我从小就感觉，张老师的学养是老师中最高的。其他老师或有高超的技术，但论学养无人能比，在和他交谈的过程中，你能感觉到他腹中是有真知灼见的。

福州漆画大师王和举，曾经在厦门工艺美院任教两年，创办了漆画专业，他个人最推崇的就是张晓寒老师的画。在王和举老师的家里，挂满了各种国宝级的画作和自己的画作，还有一幅就是张晓寒老师50年前送给他的一幅山水画。作为漆画泰斗，王和举往来的都是艺术界的大师级人物，大家看到张老师的作品，也都盛赞有加，觉得张老师的艺术水平很高。

宠辱不惊，文人风骨

得知厦门要办张晓寒画展，王和举特地委托我把这张画送来参展。现在，又把这幅珍贵的画作交给我保管，为了方便我们在刊印张老师的画作、举办画展时可以随时取用。

当时王和举已近90岁高龄，移交给我时自己跪在地上包装这张画。可以看得出来，王和举对张晓寒是惺惺相惜的。在他的心中，张老师的学识很高，整个艺校也只有张老师可以与他一起论诗。

除了做学问，张晓寒老师的为人总是为人称道的。他首先是个兢兢业业的教育工作者，一心扑在工艺美院的事业上。在知识分子的"甜蜜期"，工艺美术学校原书记王耀华曾经跟着张晓寒学国画，张晓寒与领导的交流机会自然更多。那个时候，张晓寒自己的生活仍然很困难，但他从来没有想着希望通过领导的关照改善自己的境况，反而心心念念地要为学校引进优秀的工艺美术教师，大胆地推荐了当时对他而言有"政治风险"的许其骏、庄安仁等人。

许其骏在集美中学时，在陈嘉庚先生的举荐下到上海美专攻读中国画，毕业后陈嘉庚先生又出资选送他到日本研习工艺美术竹编专业。学成归来后，许其骏就在集美中学任美术老师，大画家黄永玉先生就是他的学生。此后，黄永玉每次来厦门，都要设宴款待他。许其骏因地主身份"成分不好"，其间多有曲折，张晓寒老师看中了工艺美术的发展前景，也知道他是不可多得的艺术人才，因此冒险举荐了许其俊。许其俊到艺校的两年时间内，为学校培养了很多的竹编工艺大师，当时国家领导人出国访问，带的就是艺校出品的竹编。

对于学生，张晓寒老师也是倾其所能，爱护有加。在日常生活中，学生们都很喜欢他，有空就会到他家里去听他讲诗词、国画创作、心得等。不管是不是他教过的学生，他都一视同仁。

在特殊历史时期，张晓寒老师在学校劳动，他的信件都是要通过学校检查的。回想当年，是因一个学生的同学从曾厝垵泅水到金门后，给张晓寒老师写信，因而导致他被牵连入狱，跌入人生的低谷，但也没有影响到他对本职的热爱和对学生的态度。

那个时候，张老师的信件都是被公开的。学生写来的信件，开头都是写"亲爱的张老师"，这还引发过议论，但事实证明，学生就是这么喜欢张老师的。

张老师十分清楚，学生们的信件过来，都是为了探讨艺术，在那个痛苦的时期,学生对艺术的不懈追求对张老师来说是最大的安慰。其实,当时那些写信的人,大多数是文化界、宣传部门的红人,并不涉及政治问题。但不管是谁写信来问什么问题,张老师都会一一回信,教导学生在不同的阶段应该如何提高自己。写完的信,他会先交给学校,再由学校寄出去。

住在鼓浪屿的人,都知道张老师很善良很和气。他走在鼓浪屿的大街小巷,老人小孩们都会主动和他打招呼。不管对什么人,张老师的态度都一样,有怜悯心,有爱心。

曾经有位厦门工艺美术学校职工跟张老师索画,告诉他自己准备去香港赚钱,不想再待在艺校了。张老师为此专门给他画了张《发财图》,在这张图画上,画有闽北的木材绑在一起,从山上溜下山,劳工在激流险滩中发送木材的危险场景。张老师说,他是希望借这张《发财图》告诉对方,发财是有风险的,并不是到处有黄金可捡。

和善却不失原则。张晓寒老师的文人风骨有目共睹。改革开放后,张老师已是省人大代表,学校在用人教学上,总是希望能够拉拢他,但张老师从不退让。当时他的科室集中了整个艺校最好的老师,大家都很信任他。因他专业出众,对艺校贡献大,但有些别有用心者却把他说成是"影子内阁"。

张晓寒老师的原则性、正义感免不了会得罪一些人,特别是他一而再,再而三地写信,客观地向各个部门反映学校存在的问题,信件都原封不动地退回到他的手中,他心里明白自己的阻力有多大,仍然为了学校的进步不懈地努力。这种文人风骨,尤其令人敬重。

在复杂的环境下,张晓寒老师尽管艺术水平高、作品出彩,在当时的工艺美校和工艺美术系统中也没有人为他说话,帮他好好地办过画展。但张老师不为所动,依然坚持自己的创作,仍然为了艺校甘于奉献自己,不断地想办法解决问题。可以说,厦门工艺美院的生存发展,张晓寒老师对此贡献很大。

而张晓寒老师的性格和风骨,同样地影响着自己的学生,形成了自己的文脉传承。多数大师的师承是技法上的传承,而张晓寒对学生的影响,更多是内涵上的影响,不管是观察、表现或者理解,都非常正统。

宠辱不惊，文人风骨

1976年晓寒先生为张尚伟作山水画《热风暖浪海阔天空》

· 79 ·

忆名家潘晓寒

采访:谢晓婉
整理:谢晓婉
供图:陈杰民
时间:2023年7月5日
地点:厦门黄金大厦辛缘书屋

※ 陈杰民

恩师赠我一幅画，当作新婚贺礼

张晓寒老师离开我们已经三十多年了，但每当我翻阅老师的画册和诗文集时，他的音容笑貌仿佛又在眼前。

我是在1959年进入厦门工艺美术学校绘画科初级班学习的。当时学校里会聚了一批本市美术界的泰斗人物：杨夏林、张晓寒、顾一尘、石延陵、李其铮、王仲谋等，他们都是我仰慕已久的老师。那时候，张晓寒老师并没有担任我们班的课程，但我经常会在学校里见到他。当时的他比较年轻，意气风发，总是和老师、学生们在一起谈笑风生。在我的印象里，张老师总是文质彬彬的，平时以穿中山装为主，有时候也会穿长衫，很有文人的气质。谈吐亲和，丝毫没有架子。他的学识、修养总是令人肃然起敬。

某个星期天，我像往常一样，夹着小画本外出写生，张老师突然出现在我的身旁，他顺手拿过我的写生本，一张一张地仔细看着，一边鼓励着，一边指出存在的缺点与不足。

见老师如此平易近人，我紧张的心情平复了，还大胆地向他提一些问题。从此，我认识了张老师，并时常到他府上拜访、讨教。有时候，我在课余时间碰到他，就会大胆地拿一些平时画的素描等向他请教，他总会悉心教导。

张老师曾在特殊时期蒙受不公正的待遇，受尽抄家、游街、挂牌和劳动改造等折磨，家庭子女受牵连，但他心胸豁达，忍辱负重。尽管自己还在受磨难，却还时时关心着我的家庭、生活和创作。我当时住在鼓浪屿的龙头路上，张老师每每路过时，都会来我家中坐坐，关心一下我们家人的生活。1977年，我父亲因病卧床不起直至离世，老师都经常亲临家中探望，最后还送他一程。这件事令我和家人深为感动。

拨乱反正之后，文艺的春天来临，老师的冤案得到平反昭雪，心情舒畅，激发了教学、创作热情。他多次带领学生走南闯北,深入厂矿、农村,游览名山大川,一时佳作有如泉涌。记得1978年秋天的一个傍晚,我独自一人来到鸡山路10号的老师住所,我看到老师刚刚完成的一幅题为《热风暖浪,海阔天空》的山水画——寥寥数笔,就让鼓浪屿海滨浴场凤凰树下欢快人群展现在人们的面前。作品化繁为简,气韵生动,抒发了老师对鼓浪屿由衷的热爱,对新生活热烈的向往。

我很喜欢这幅画,便壮着胆子,向老师求画。想不到老师竟欣然应允,那一天真是我最为高兴的日子。当时我正在一家小印刷厂工作,年终前,厂领导让我设计作为企业广告的年历,正愁找不到好的作品,得到老师的墨宝后,我便想借此机会让更多的人欣赏到张老师的作品,于是极力向领导推荐老师这一体现厦门风光的画作。尽管由于当时技术和设备条件较差,印刷质量和篇幅都不尽如人意,但令人欣慰的是,这是老师平反后第一幅公诸于众的作品。

后来,我还收藏了另外几幅张老师的作品,包括《夏山云飞扬》《声势飒爽之图》《云霞出海曙》等。这些作品都饱含张老师的艺术精华,令我珍藏至今。其中《云霞出海曙》是1980年那年我结婚时张老师送我的,当作是我的结婚贺礼。结婚当天,我在家中设宴,邀请了杨夏林老师、张晓寒老师等前辈到家里来吃饭,他们都应邀前来,让我很是感动。

在张老师病重直至去世的那几年,我和其他同学也曾去医院看过他几回。他虽然身体不好,但总是强打精神来接待我们,也会在病床上指点学生们的画作。他对学生,对朋友,对前来请教的人,总是那样无私奉献。我想,如果张老师能继续多活二十年,哪怕十年,对于厦门的美术界、中国的美术界都是十分宝贵的财富。

岁月如梭。时隔三十多年,张老师亲手创作并赠予我的画作犹在,但斯人已逝。每当思之念之,我总会心潮起伏,久久不能平静。

采访:叶子申

整理:叶子申

供图:陈杰民

时间:2023年7月

地点:陈杰民寓所

恩师赠我一幅画,当作新婚贺礼

1976年张晓寒作品《声势飒爽之图》

1977年张晓寒作品《热风暖浪,海阔天空》

❋ 何丙仲

师恩永在,润物无声

问:厦门文化界都知道你是张晓寒先生的弟子,当今张晓寒美术研究会的顾问之一。今天,我们想和你谈谈关于你与张先生的一些往事。

答:好的。不知不觉,晓寒先师归道山已经三十五年了。三十多年来,回首往事,脑海中总是浮现出当年教诲、熏陶过我的许多前辈、恩师的身影,他们的言谈举止,嘉言懿行,历历在目,恍如晤对。其中晓寒先师的印象尤为深刻。我是他的校外弟子,不敢谬称他的门墙桃李。他是著名的山水画家、艺术教育家,而我只不过是文史研习方面的后进。专业虽然不尽相同,但从中国传统文化的角度来看,艺术与学术实际上是相通的,因为两者都属于"人文"的范畴。晓寒先师给我的精神营养,就是教我怎么样做人,怎么样安心立命做学问。先师给我的这份精神遗产,滋润了我的终生,直到如今。

问:你是鼓浪屿资深的原住民,请问你什么时候开始对美术发生兴趣?

答:鼓浪屿的自然风光自不用说,是养育艺术人才最好的温床。但我上小学和初中的20世纪五六十年代,鼓浪屿根本不是后人想象的那样,处处有琴声,引车卖浆者流个个都有文化范。当时鹭潮美术学校羽毛未丰,刚刚发展中的厦门工艺美术学校又还在新的起步之时,尽管政府克服种种困难,致力于扶持文化教育事业的发展,但一时片刻,书画艺术尚未能走进人民群众的生活当中。记得我上初中一年级时,美术老师甚至还把现称国画的作品统统称作"彩墨画"。鼓浪屿人真的不知道初办的"鹭潮"在教什么,只知道岛上一时平添了一些穿木屐的"内地仔",节假日都在街上走来走去,同时也多了一些吹笛子、拉二胡的声音。

我的家风比较注重传统文化的传承。我祖父是逊清的惠安末科秀才,1938年携家迁居鼓浪屿,终其一生长斋念佛。可惜我家不是侨商,祖父基本上不参与社会活动,又不会弹琴拜上帝,只懂得天天在家读书诵经,偶尔临帖练字,以至于历数岛上人物都轮不到他。不过,我祖父对我青少年时代的影响是很大的。除了他穿长衫恪守儒家的风度之外,主要是他爱书、读书的行为和厅堂悬挂书画的习惯直接影响了我,从童年到现在。我家的旧书画,除了祖上传下来的陈宝琛、郑孝胥、吕世宜等名家的墨宝,还有一些是1949年我爸赴台前夕留下来的小部分近人画作。这让我从小就接触到书画艺术。

我小时候就喜欢涂鸦,除了观看家里有限的那几幅书画外,社会上供我观摩学习的东西并不多。20世纪50年代初,书画尚未吃香,厦鼓人家里张贴的大半是印刷的宣传画、年画,全市只有中山路有一家裱画店,偶尔会挂出一两张字画。隔不多远还有一家蔡高嵩的画室,为人画肖像。店里长年挂着一张大幅的彩墨松树。我每随大人过海到厦门,都会拐到那里瞄一眼。唯独有一次经过八卦楼,匆匆扫描过鹭潮的内部展览,看到了素描、速写和一些彩墨画。这对于当时只会以《芥子园画传》为范本,单线平涂画山水的我,算是稍微开了眼界。

郑成功
张晓寒作于1962年

1958年,艺校搬迁到汇丰银行旧址,恰与我上学的中学毗邻。那时二中学校组织了美术兴趣小组,我和张尚伟、郭奕平等同学都参加了,成为热心成员。美术小组的活动有风景、静物的写生等内容,不过我还是喜欢"彩墨画",曾好几次与尚伟等同学溜到艺校看画展。那年头配合政治形势的宣传,画展的内容大多是英雄小八路、人民公社社员养猪等,给我印象最深的是张晓寒先生和他的弟子杨胜的山水作品,像晓寒老师的《前沿春早》等在报纸刊登,我都有剪报留存,以供以后临摹学习。晓寒老师的名字,开始进入我的心扉。

问:你最早接触到张老师的作品是什么时候?

答:大概是1956年前后吧。当年鹭潮美术学校就设在八卦楼这座建于1907年的烂尾楼里。整座楼房系砖木结构,多年失修,底层可以透过两三层楼板看到天空,楼的四周到处都杂草萋萋,日暮乱鸦啼彻,加上地处偏远,鼓浪屿人都称其为"鬼楼"。大白天除非到玻璃厂做工的人,再就是不得不到救世医馆看病的人偶尔走过,楼前的路上显得很冷僻,内厝澳和"四桅松"

师恩永在，润物无声

一带的居民没有急事，宁可绕道"工部局岭"进入龙头闹市。我当时读小学五年级，曾单身一个人冒险进入"鬼楼"参观画展。因为人小怕鬼，一脚踏在展厅门槛里，一脚踩在外面，伸头引颈浏览展墙上的画作。当时都看了些什么，早已记不得了，唯独有一幅画，画的是高集海堤，寥寥几笔，却气势磅礴，一下子就吸引住我的眼球。尽管怕鬼不敢多看，但这幅画的印象我记到今天，原来山水画就是这样的画。后来看过画刊介绍，我才知道这幅画的作者是张晓寒先生。画中近处还有些小渔船，题目叫《浔江月夜》。

此后，凡是展览会，或是报刊有晓寒先师的作品，都成了我心神聚焦的宝贝。历年的那些剪报大部分都保存到今天。

问：你什么时候拜在张晓寒先生门下？

答：我识荆晓寒先师，并不是太早。话要从1962年说起，那时经过三年困难时期，国内形势开始复苏。厦门市有关部门为了提高美术创作水平，丰富人民的文化生活，经常举办各类书画展览、开设相关讲座。晓寒先师和许多艺术界知名人士纷纷响应政府的号召。1962年的初秋，我记得是高中二年级开学上课不久，轮到晓寒先师开讲山水画。消息传来，我赶紧从之前的习作中挑选几幅，准备让他提意见，如有缘分能拜识这位心仪已久的老师，更是妙不可言。

记得那天是个下午，讲座是设在市工人文化宫二楼的一间教室。讲课时间未到，偌大的教室已经座无虚席。但见晓寒先师端坐讲台讲课，年纪约莫在四十岁上下，仙风道骨，墙上张挂着他带来的二三十幅山水画近作，整个教室艺术气氛满满。

晓寒先师的山水课讲些什么，早就忘了。接下来便是创作示范，他边讲解边作画，一边还抽着烟，笔下勾皴染点，次序井然。少顷，一幅笔墨生动的山水画盎然入目。我生平第一次观摩名家现场挥毫，顿时开窍：原来山水画是这样画出来的。

讲座结束后，我赶紧呈上我的那些"芥子园"的克隆品，晓寒先师看到围观的人多，并不当场做点评。当他得知我也住鼓浪屿，他告诉我他的家在鸡山路十号，欢迎我到他家。临走时，他让我在墙上的画中任选一幅，送给我。惊喜之下，竟不敢求他题个款。下个礼拜天，我第一次登门拜访。从此，我便忝为鸡山草堂的插班生。

问：你作为鸡山草堂的学艺弟子，后来怎么又成了文物博物馆学和历史学的研究员？

忆名家诉晓寒

答：一个人的命运往往和社会的发展分不开。今天，我们不谈这些。"文革"期间我都在工厂做工，1983年我有幸考取复旦大学历史系。在此之前，1980年我调入郑成功纪念馆工作，该馆曾经是我读书生涯的一个驿站。在那里，我潜心攻读有关郑成功的历史文化知识，同时产生了对这位民族英雄无比崇拜的思想感情，并将研究郑成功作为我毕生的志业。其实，这一切都发端于在鸡山草堂求学的日子。晓寒先师特别敬仰郑成功，1962年，他创作了一幅国姓爷的大幅肖像画，还陆续以郑氏屯兵的日光岩为题材，创作了许多佳作。他经常以郑成功重要部属陈士京的牛眠之地为邻作话题，发思古之幽情。他的这些思想感情和他的故乡历史上曾经饱受清军入关后的屠城杀戮有关。先师颇留意南明史，家里的书籍除了技法画论外，还有不少有关明末清初江南抗清史迹的诗文集。"文革"前，我曾向他借阅过《夏完淳集》，夏完淳是抗清志士，殉节时年18岁。还有侯朝宗的《四松堂全集》和张煌言的《张苍水集》，这些作者都是与郑成功同时代的历史人物。

在鸡山草堂门下，无意中我获得从事南明史研究的最初启蒙。后来因从事的文物考古、史学研究工作相当繁忙，使我无法分心再做一些艺术方面的追求，但师恩永在，我不敢有一日或忘。

问：你认为在张晓寒先生门下，最主要的收获是什么？

答：我虽然和师兄弟们同出先师门下，但半途改弦易辙，根本没有底气来畅述晓寒先师在艺术方面的教恩。何况如果单从艺术和艺术教育等层面来回忆，一个画匠的门徒都会写得比谁都精彩。我觉得晓寒先师给我最大的精神营养是：教会我怎么样立世做人。

先师一生是非分明，正气浩然。这些为人的细节在许多忆旧文章里都可以读到，这里不必赘述。我想说的是，首先，他教育我爱国。1962年，我们国内正开始宣扬郑成功收复台湾的伟大功绩时，晓寒先师早已对这位民族英雄抗清逐夷、复台辟土的爱国事迹了然在胸。他的确是异乡人，但一到厦门，立即被郑成功所感动，这至少在文化人当中，是非常难能可贵的。这足以说明先师的思想感情，与我们弘扬的民族正气是一致的。就艺术界而言，这就是先师独迈群伦之处。他画郑成功肖像，画日光岩水操台和几乎所有的郑氏遗址，目的就在于弘扬其爱国精神。这有时候比学者写文章还管用。

其次，晓寒先师教我终生读书。先师的画，在寥寥的具象中体现出诗的意境，甚至可以说每一幅画都是一首诗。这一切都归结于先师作画之余，平时都在读诗。诗书画融为一体,向来是艺术家向往的境界。但值功利之世,能做到者几稀,先师就是其中的凤毛麟角。忆昔"文革"前,在鸡山草堂的夜聊中,先师每对门弟子说艺,总少不了谈诗。某日登门拜谒,他正在陈士京墓下一边剪草修竹,一边高吟杜甫诗句:"新松恨不高千尺,恶竹直须斩万竿。"他在"文革"中走避我家,画初唐骆宾王的诗意图,当他知道我懂得"南冠"的典故,很高兴,不但背诵了骆宾王这首《蝉》的全诗,还告诉我夏完淳著有《南冠草》诗集,其中《细林夜哭》一首绝妙。可以想见,先师脑海中充满了诗。难怪先师平素最喜欢吟诵辛弃疾的"我见青山多妩媚,料青山见我应如是"。先师生活在诗的境界里,诗是他生活的重要内容。在他的笔下,闽南大地的青山绿水、武夷山的烟云缥缈、神女峰的急峡穿江,甚至故乡平芜上的几棵衰柳,无论中堂巨幅,还是斗方册页,无不一一引人入胜,因为它们都是一首首可吟可诵的诗。

最后,我以为最受先师熏陶的是他的淡泊名利。淡泊名利其实就是"三观"问题,它是中国读书人的优良传统之一。这方面,许多师兄弟和接触过晓寒先师的先进都有美文问世。先师一生固贫,我在鸡山草堂门下之日,他夜里作画、待客点的是15支光的葫芦灯泡,抽的是自卷的低价烟丝,先师习以为常。20世纪80年代以后,生活略有改观,但先师依然故我。这些读书人所具备的传统美德,可能与他的人生阅历(如早年的颠沛流离、大慈恩寺的披剃出家等等)有关,但无论浮沉、终身守道,那就成为一种境界。这方面,我的师兄弟和接触过他的先进们都有很客观真实的回忆文章。

晓寒先师的言谈身教,给我们的教诲熏陶往往是"润物细无声"。回想往事,有一件事我始终没有忘怀。在"文革"前,先师没有随大流,弃我如敝屣,鸡山草堂照旧收留了我。这虽然属于私恩,却反映了先师是非分明的一向为人。大地回春之后,我没有辜负先师的舐犊之情,成了一名合格的有用之材。

问:我们知道,你在文博部门也曾经从事过书画鉴定工作,还撰写过有关书画艺术方面的学术文章。想听听你怎么评价你的恩师?

答:这对我来说,的确是个难题。如果单从笔墨技法,或从谢赫的《六法论》的角度说起,一个画匠的徒弟都会说得比谁都头头是道。最近,先师的遗作《百年云松》辑录了他平生精品数百幅,就摆在那里,大家可以自己判断。可惜我乃海陬陋儒,在美术评论方面纯属门外汉,所陈管见,无非是引玉之砖。

山水画滥觞于隋唐,到了两宋已臻成熟。明清两朝更有石涛、石溪、梅清等与"四王"的各呈其妙。近代由于西风的影响,中国的山水画跃上新的台阶,出现了黄宾虹、傅抱石、吕凤子和稍后的李可染等大师,在传统山水画的基础上,创新了新的局面。这批大师有一个共同的特点,就是他们不但没有一位是国学的白丁,而且个个根基扎实,蜚声宇内。即使木匠出身的齐白石大师,早年也懂得向诗人王湘绮老人苦学诗词。

晓寒先师早年在国立艺专学艺,直接得到傅抱石、吕凤子和潘天寿等大师的法乳,尤其是探索到他们之所以成为公认大师的艰苦历程,并且终其一生实践之。当今之世,能有如此善缘者几稀。多少年来,艺术界在"笔墨等于零"的怪叫声中,每每惋叹"再无大师",殊不知新现代大师的嫡传弟子就在我等身边。所以我时常作纵向的思考:当代中国山水画发展史,不能缺少晓寒恩师的一席之地。

生逢盛世,中华大地书画艺术遍地花开,办展览、出画册,不亦乐乎。这当然都是旷古未有的好事。即我有限的目力所及,当今能与傅抱石、李可染媲美的作品,几乎看不到。缺乏传统文化的滋养,又懒于写生、"师造化",山水画的创新、出大师,无乃是一种奢谈。所以我个人认为有必要继续深入研究和弘扬张晓寒先师等前辈的精神内核,以及其风格的由来等。至少黄宾虹、傅抱石这些大师所营造的艺术法脉,不要断送在我们这一代人手里。在"名家"林立的当下,这种想法显然不一定很现实。看到先师的人品、画艺越来越得到社会大众的赞赏,虽然目前它还没有真正走向四方,但我们仍然充满信心。

除了崇敬,我根本没有任何资格来评议老师。今天,只是从纵、横两个方位来说说我的不成熟的体会。谢谢!

采访:许武扬
整理:谢晓婉、何丙仲
供图:何丙仲、松风
时间:2023 年
地点:厦门云顶岩麓一灯精舍

师恩永在，润物无声

1965年张晓寒所作《风雨山居图》

✽ 苏宜尹

晓寒老师的艺术理念深深影响了我

初识张晓寒老师是在 1973 年 5 月,当时我年仅 20 岁。我有一位从小熟识的好友张力,我们虽然都在做着拉板车的活,但内心始终对文化艺术有着深切的期盼。那段时间,我们白天做苦工,到了晚上都会拿起笔,写字画画。

有一天,张力经人介绍,向张晓寒老师学画。我早已对晓寒老师仰慕许久,就拜托张力介绍我认识他。张力对我说:"下次,等到晓寒老师过来教我,我也叫上你一起来学。"我欣然允诺。

机会很快到来。那天,晓寒老师要来张力家。我家离得近,得到消息后,就飞快跑去向晓寒老师请教。那是我第一次见到晓寒老师,他随手拿着一把雨伞,穿着灰色的中山装。他整个人看起来有些苍老,但谈吐之间气度不凡,且和蔼可亲。

晓寒老师得知我的来意后,就问我说:"你也在学画吗?"我点点头。他问我:"你为什么想要学画?"我说:"我从小就喜欢书画艺术,现在虽然在拉板车,但我还是想学一点其他的东西傍身。"这时候,他或许是联想到自己的遭遇,就半开玩笑地对我说:"学画,搞不好是要挨批斗的哦。"这时,他随手拿起毛笔就为我改起画来,让我好不感动。

后来,晓寒老师又和我们聊了很多,都是关于书画的一些知识。很快,他又问起我和张力:"你们知道学画最重要的是什么吗?"我还未答,他就说:"学画最重要的就是要传承中国的传统文化,弘扬优秀的书画文化。"——他这么说时,我感到有点震惊,觉得他和其他人特别"不一样"。因为在我身边没有一个人像他那样说话,说得那么有高度,顿时让人觉得责任重大。

不过,那时我年纪还轻,没有明白晓寒老师这句话的深意。在后来的接触过程中,他又不断地反复强调这句话。一直到后来,我才了解,他的一生都在致力于实践这句话：传承和弘扬中国的传统文化。

注重因材施教，有教无类

在和晓寒老师学画的过程中，让我感到记忆深刻的是，他总会帮我们改画。

以前学画条件差，我平时都是画在草纸、毛边纸上，纸黑黑的，我画得也很粗糙。但晓寒老师丝毫不嫌弃，经常就提笔来帮我改画，反复为我和张力做示范。他看到我拿笔的样子，马上说："这样不行。"然后告诉我如何拿笔，如何用笔、用墨，循循善诱，让我很快懂得要领。

那时，我和张力每周都会固定抽出时间去晓寒老师家学画。那段时间，他讲的比较多的是石头、树等基础的画法，另外，再教一些人物、点景、画面的整体布局等技法。每次他都让我们画，然后下一次上课的时候，再带给他看，再帮我们改画，有时一幅画反复修改数次，不厌其烦。

当时晓寒老师教我们两个"业余学生"画画，他一直强调，要我们多读书，多看齐白石、石涛等名家的画，多动手实践。读书方面，他要我们多读《画论》，多看古今经典画册，以及一些基本的艺术类图书。同时，他还要我们多亲近自然，多出去写生。于是我和张力只要一有空，就会去五老峰、植物园、鼓浪屿等地写生，再把写生的作品拿给晓寒老师修改。

晓寒老师有自己的一套教学方法，也比较注重因材施教。不论学生的基础深浅、家庭经济情况、个人资质和才学如何，只要想学中国画的，他都会认真地教，算是真正的"有教无类"。当他看到张力在艺术方面比较有悟性，画得比较好时，就想办法帮他借到一些名人书画册给他学习，用以帮助他更快提高。当他看到我比较喜欢书法，就指导我多临《石门颂》，多学黄庭坚、颜真卿等人的书法，从各路名家那里汲取营养。一直到后来，我都在坚持研究黄庭坚的书法。当然，除了书法，他也经常会借给我看芥子园画册、石涛画册、潘天寿及傅抱石的画册。他强调书画创作时要用"双钩五指法"，把笔稳，好用力，能够运笔灵活。

晓寒老师还对我和张力的书画学习提出"先放再收"。先放，是要先跟随自己的喜好来作画，画自己生活中的山水，多亲近自然，深入生活，大胆用笔用墨。后收，是指要深入传统经典，多临摹、研究古人的经典作品，举一反三，反复锤炼，才能形成自己的特色和成就。

经过晓寒老师的教导，我的书画技艺有较大长进。当时厦门书法家张承锦在厦门茶厂负责宣传工作，他就经常叫我和他一起去抄写大字报。那段时间，我用不同的字体抄写大字报，常常写得龙飞凤舞的，被很多人围观。再后来，我也经常向张承锦老师请教书法。

和我的父亲是一对琴友

除了跟随晓寒老师学习书画艺术，晓寒老师与我的父亲也是一对琴友。

起初，他从张力那里得知我的父亲会弹古琴，便让张力带他到我位于大同路上的老宅里，去拜访我的父亲。

在我家，晓寒老师和我父亲聊天，听古琴，好不惬意。我父亲早年是学中医的，也深谙古琴技艺，我从小跟着耳濡目染，学得一些皮毛。但我父亲常年患病，又高度近视，长期都居家中。晓寒老师就常来我家，听我父亲弹琴，比如《归去来辞》《渔樵问答》等等。他听琴很安静，入迷。

他说我父亲弹的都是古风古调，很有韵味。在我后来上山下乡期间，他还来过多次，听我父亲弹琴。

1983年间，晓寒老师带着一位名叫李禹贤的朋友，来拜访我父亲。李禹贤后来是国家级非物质文化遗产古琴艺术代表性传承人、福建古琴研究会会长。正是他的大力推动之下，福建古琴在古琴界有了重要地位，为古琴的传承保护起了巨大的作用。当时晓寒老师带着他来到我家，和我的父亲一起切磋琴艺，谈论古琴文化。

那天，我也在现场，在他们面前弹奏了多首古琴曲子，包括《阳关三叠》《思贤操》《酒狂》等等。这也引起了李禹贤老师的注意，他问我说："你是做什么工作的？"我回答他说："我是当老师的，而且是当班主任。"他当时一脸不可置信，说："你既会弹古琴，又会当班主任，真是不可思议。"可惜的是，后来因为工作繁忙，我的古琴技艺逐渐生疏，但仍然坚持书画学习。

他的精神一直影响着我

我跟随晓寒老师学习的时间，主要集中在1973—1975年。1975年底，我响应号召，"上山下乡"当知青，去了同安的农村，每天都要出工，再加上距离远，交通不便，就没有时间再去找晓寒老师，也极少有时间进行书画学习，

晓寒老师的艺术理念深深影响了我

一度荒废了几年。

1977年,恢复高考。但一直到了考前一两个月,我才知道这条消息。当时晓寒老师还叫张力来告诉我,让我去报考福建省工艺美校,专心学艺术。我去了同安的报名点,不料工作人员却对我说,艺校只招收24岁以下的学生,我超龄了。于是我转而报考了福建师范大学的生物学系,被成功录取。

大学期间,我的功课压力大,要学习高等数学、生理学、细胞学、遗传学等几十门课程,常常学到半夜,基本上没有时间学书画。不过,我还是在业余时间参加了学校组织的书法展览,还得了奖。

1981年底,我顺利毕业了,被分配到厦门一中,当生物学科的老师,从此立足于三尺讲台,将一生所学倾情奉献给学生。工作期间也是繁忙的,我偶有时间去找晓寒老师聊天,但极少创作。他当时也忙于校内外的各种艺术活动,做了许多服务社会的工作。甚至在病床上,他都一直惦记着他的学生,拖着病体给他们指点画作。那段时间,我和晓寒老师的交往变得少了,但我心里一直记挂着他。

其实,回想起和晓寒老师相识的这些年,虽然时间很短,但他的艺术理念、服务社会的意识,都深深地影响着我。

我工作之后的主要任务是教学,教育是我的事业。而早年跟随晓寒老师学艺术的经历,对我教学工作影响很大——有了美术功底,我给学生上生物课时,经常拿起粉笔就可以现场画起来,让学生直观了解课程的内容。另外,我也时常会用传统古诗词来激励学生,希望他们拥有更广阔的视野和格局。晓寒老师曾经对我说过,学习书画艺术的目的就是要继承和弘扬传统文化。我也把这样的理念教授给我的学生,不管怎么样,都要守住我们的文化之根。

退休之后,我也积极地向晓寒老师学习,更多地服务社会。我经常到部队、社区、农村等地去参加笔会活动,免费给大家写字画画。这些都是我的兴趣爱好,我也不追求名利,就是希望能多为社会做出自己的一点贡献。

晓寒老师曾说,学画是为了"向内求"。我认为生活是一种美,教育工作和艺术结合更是一种美,可以升华我们的灵魂。感恩50年前晓寒老师对我的书画启蒙教育,他的教诲历久弥新。他曾提出,读书生活是根本,名声是身外的事。这样的精神值得我终身学习。

采访:叶子申

整理:叶子申

时间:2023年8月

地点:厦门苏宜尹寓所

❈ 王耀立

忆张晓寒先生二三事

今年是张晓寒先生诞辰100周年纪念,此时日回忆47年前恩师的教诲,往事历历在目……

我的伯父王永钦老师(原厦门师范美术老师)1950年就是厦门美协会员并负责联络部工作,张先生1953年到厦门任教于厦门鹭潮美术学校(福建工艺美术学校前身),两人同岁,是早年的同事和挚友。1976年暑期,伯父得知我要参加在鼓浪屿省工艺美术学校举办的"厦门市小学美术教师培训班",就交代我替他探望一下挚友张晓寒先生,并交代我要拜他为师。到校后,我揣着伯父写的信札,打听张晓寒先生的住址。有人告诉我,午饭前在学校食堂窗口就能找到他,原来张先生因历史问题尚未落实,屈尊于食堂卖餐票。我左顾右盼,趁无人把信交给他,落难时的先生仍流露出儒雅的风骨,慈祥和蔼的脸微露笑容,轻声告诉我每天下午三点后他会在鸡山路10号寓所。在鼓浪屿学习的一个月里,我抓紧课余时间写生,隔三岔五就找张先生面批作业,先生待我如亲侄,对我的每次求教均细心指点,毫无保留。特别就我写于先生家附近的《鸡母山麓》习作为例,点评道构图不宜过于"四平八稳",应以不对称的状态求得画面平衡,还用中国画"虚实相生"的画理开导我,教我要敢于留白、善于留白。1979年春节前到同安,先生在我们家客厅现场画了《峡江小景》做示范,并题写"帆正迎流急,峰高自拔尖"诗句勉励后学。此后几易住所,先生的墨宝总要悬挂在醒目的位置上,先生的题勉也已成为我的座右铭。

我是1978年初结婚的,在布置新房时感觉应该有老师的祝福,就专程从同安赶到鼓浪屿鸡山路10号张先生的寓所,大胆表达了我的想法,先生善解人意,询问了我们的婚期,我爱人的姓名和挂画的方位、尺寸后对我说,我就画,你稍等,省得让你大老远再跑一趟。

我站在先生画案边,只见他用手在宣纸上稍作比画,深思片刻后持笔作

· 97 ·

红崖翠柏

（张晓寒作）

画，一气呵成。染色时还带商榷的口气说多用点红色显得喜庆，我激动地说"好"。先生画的是沿着松间古道，俩情侣登上岩顶观朝阳出海的场景，还特意题款"平生所爱红崖翠柏，少年壮志海阔天空"，既是情景交融，又对后辈寄予厚望，祝贺我们嘉礼之庆。1978年是拨乱反正实现重大历史转折，是"大干快上"建设社会主义现代化口号提出之年，也是先生历史问题得以落实平反之年，先生在字里行间也依稀流露出希望的曙光。

　　1987年底同安老家自建新居落成，想求先生题门匾留作传世纪念，尚未付诸行动，不久就传来先生病逝的噩耗，此念竟成永久的遗憾。

　　2022年7月18日，我因朋友风貌建筑修复之事经过鼓浪屿鸡山路，突然萌发出寻找张晓寒先生故居的念头，由于先生仙逝已35年，虽鼓浪屿基本保留原样，但对有点路痴的我来说，方位感不清，反复转了几圈仍无着落，后来问到一个知情人，才找到鸡山路10号巷子口。我进巷门走了几步听到

忆张晓寒先生二三事

左侧平屋有声响,便敲门打听,应声出来的是位六十岁上下的妇女,听到说的是同安话,彼此便拉近了距离。原来她是马巷人,张先生家多年的保姆,先生健在时就到他家服务了,现在留下照顾年近百岁的师母。问清来意后她带我进屋引见给师母,师母正和儿子儿媳打麻将,身体精神还蛮好,就是听力差,插着耳机。我做了自我介绍,经其儿子就近传声,师母含笑点头表示认同。看着师母身心康健、儿媳孝顺、其乐融融,我真感到欣慰。

我凝视着厅堂正中的先生遗照,望着先生睿智的眼神和慈祥的面容,实有音容宛在之感。双手合十,心中默默祷告以表达对先师的感恩与怀念!

峡江小景

(张晓寒作)

忆名家话晓寒

✽ 张小梵

恩师教我走出阴霾,直面人生苦乐

我从小就喜爱绘画。8岁时,我的父亲(张锡堃,笔名默梵)就教我刻字,练书法。父亲见我迷恋画画,就拿精美的纪念邮票告诉我齐白石的画寥寥几笔很生动,是中国花鸟画大师,这给我留下深刻印象,同时也使我喜欢上了国画。小时候从临摹小人书开始一直到临摹徐悲鸿的奔马、芥子园山水,都是自己瞎学。

我于1973年底到海沧东孚下乡插队,劳作之余,也揣摩国画山水,但始终不得要领。后来有一天,我听说厦门大学语言学家黄典诚教授向我父亲谈起,想让我拜师于著名国画家张晓寒先生,并说在人民大会堂里有老师的作品,这让我喜出望外。

可能是太兴奋了,还没来得及等黄典诚教授亲自带领,当我一打听到晓寒老师的住处后,就立即独自上门求教。但没想到,刚到老师家,我就觉得自己太过冒失了,内心忐忑不安。不过,老师并没有责怪我,言语间都是亲切和宽慰,让我心安了许多。

我告诉晓寒老师,自己对于艺术的热爱之情,想跟他学习。老师听完后,笑着问我:"你把画带过来了吗?"我一听,突然傻眼——来得太匆忙,我居然没带任何一幅自己的作品。见到此情此景,老师也没责备,反而对我说:"你先看看我的画,帮忙指导指导。"他说得很是谦虚,让我受宠若惊。只见他很快就捧出一摞作品,放在床上,让我随便看。

我就真的凑上去,一一翻看着老师的画。那画清新隽永,实在迷人。看完后,我又尴尬地伫立一旁。老师仿佛看穿我的心思,莞尔一笑,随即和我拉起了家常。临走时,老师还亲自把我送出家门,再三嘱咐我,下趟过来,一定要记得带上画……第一次见到老师,我便深切地感到,今后我不只是向老师学画,还将从老师那里学习怎样做人。此后,每次从乡下回来,我都会带上自己的画去见老师,老师也总是不惜时间、精力,放下手头的工作悉心指导。

日子久了,老师了解了我的家庭情况,一再让我带着父亲来见见面。那时父亲受到冲击,厄运波及全家。我拜入晓寒老师门下后,像是在沉沉的黑夜里见到了光明,干涸的心田得到滋润,开心地向父亲提起此事,并转达了老师的邀请。其实,父亲对老师的人品、画品也早有所闻,并仰慕已久,知道我找了这么一位好老师时,他也很开心,想着能一睹尊容。

于是在次年的春节,刚脱囹圄的父亲和我一起去拜访晓寒老师。一进门,老师便迎上前来,紧握住父亲的手,他意味深长地说:"我们早就认识,只不过还没见过面……"当两个历尽磨难的人终于站在一起时,父亲感慨万千,相见恨晚,直说:"同是天涯沦落人,相逢何必曾相识。"那天,老师留下了很多我父亲的印章。父亲操刀几十年,铁笔为生。每次去老师那里,都拿回大量印石,带到家里一一篆刻。

认识老师是我们生活和艺术上的一个重要转折。在父亲身上,老师可谓用心良苦。那时我们父子每星期都要去老师家,我带画,父亲带石章同往求教。老师和我父亲无所不谈,常把我父亲的一些篆刻,例如"老不休""草草不工""到处莺歌燕舞"等闲章留下来,并钤在画上,以此激发我父亲的创作热情。

不仅如此,老师还实事求是地评价我父亲的作品,着意扩大我父亲的影响,这也致使不少书画家通过老师来找我父亲刻印。也是因为如此,我父亲在单位里也渐渐受到尊重,处境大有改观。甚至到了后来,找我父亲刻印的书画家越来越多,老师又怕累着父亲,就为他挡驾。老师曾与父亲同勉:为人要多长根"尾巴",有这"尾巴"顶着,就比两条腿站得更稳。所谓"尾巴",系指浩然之正气、铮铮之铁骨和较高层次的艺术追求。

那年头,老师在我身上也是费了不少心血。老师寻思我受父亲的牵连,日子必是难过,担心我沉沦,就再三嘱咐我:"要争气,好好做人,好好读书,好好学画。"并曾借我的一幅画为话题,语重心长地对我说:"就像这画题'沉舟侧畔千帆过,病树前头万木春',我们这些老头巴不得尽快地把你们带起来,国家需要人才,你们懂得学习,老师心里高兴。"老师见我的字有点暮气,就说:"你在农村,可以帮助农民弟兄画画,多体验他们纯朴的生活,交交朋友,还要注意多锻炼身体,在那里还可以大声呼喊,大声唱歌,应当朝气蓬勃。"

记得有一次,郊区要我画幅大画,但我却担心自己学画不久,水平低,做不来,想推却又不行。于是我找到老师诉说,没想到老师听了,很高兴地说:"不要紧,边学习边创作,锻炼锻炼,画好了先带给我看看。"后来,他又说:"你爸爸处境艰难,你也会受到影响,有这机会就能使环境变好些,还能多争取些时间学习,一定不要放弃。"

后来,我在老师的指导下完成了这幅作品。过后我从师母的口中得知为了这画,老师好几天的中午都没休息,还秉烛修改到深夜。

我一直想正规学习艺术,奈何没有机会。1977年,福建省工艺美校招生,老师鼓励我前往报考,并帮我做好了考前准备。因为当时父亲的冤案未昭雪,我仍头顶着一片阴云,所以不敢妄想。老师为了让我深造,不辞劳苦地为我奔波,也为了以防万一而告诉我:"老师想你这事有九成的把握,但也可能一分的把握也没有,你明白吗?要有思想准备,这几天记得常来。"不久,我果然在老师的意料中落榜。

老师在抚慰我的同时,特意找父亲商量:"这孩子包袱重,家里又拮据,一旦考入,经济负担更重。要告诉孩子体贴家里的难处,还要告诉他,日子长着,老师在学校教书,面对着好多学生,你在老师身边一个对一个,得天独厚,要想开些。"

其实,当时我也明白,我在绘画方面的基础不够扎实,学习的时间也不够长,所以才会考试失败。此后,我听从了老师的建议,慢慢安下心来,跟老师学习。

无独有偶,就在这一年底,同我一道下乡的知青都回市内工作。我又因父亲的事被阻留,一时间知青宿舍空荡荡的好不悲凉。老师记挂着,担心得很,就对我父亲说:"这孩子心里的伤痕太深,从画中也可以看出来,我们一起来开导他,抹平他的创伤,让他经得起风浪,安下心来。"并忧虑地说:"这孩子急着回来,没心思体验生活,真到回来了,总有一天要感到后悔。"父亲很是感动,回来对我说:"老师情同父亲,这辈子能找到这样的老师实在是福气,可要好好听老师的话,别老是让老师为你担心焦急。"

老师关怀体贴,娓娓开导,殷切地期望我以开阔的胸襟直面人生,当我屡遭挫折,倍感人世炎凉,前景渺茫,昏沉沉踏入林子时,脑海里想到的全是老师的谆谆教诲。于是我很快就冷静下来,也慢慢振作起来。

1977年一年,我在乡下出奇地平静,画了好多画,老师见我的笔致稍为放开,画略有长进,欣喜异常地告诉我父亲,并且逢人便讲。我知道老师不只是因为我的画，还因为我在风雨中迈出的这一步。

老师经常跟我说："你如果学画，不要有名利心。平时要多写生，多看书，心胸要开阔。"——这些我也能够从他的画中体会出来。老师曾在十年浩劫中，人格尊严惨遭践踏，多年的心血、书画珍藏也被洗劫殆尽，但他却始终正气凛然，光明磊落，胸襟宽宏博大。后来，当国家气候转暖，有人向老师提起被洗劫的黄宾虹、李苦禅等著名书画家的作品辗转去处时，老师却泰然答道："那是人民的财富，不只是个人之宝，拿去的人若懂得此理，懂得珍藏，存放在哪里都是一样的。"

老师也很扶持年轻人。"四人帮"垮台后，一些报刊常刊登老师的作品，老师心里不安，诚恳地对报社记者说："报上不要老是叫我们给占着，多刊登些小青年的作品，多鼓励年青一代上进。"

老师身为画家，却平易近人，丝毫没有架子。曾记得福建省工艺美院三十周年校庆作品展时，老师特地携我前往参观。路上，我们遇到放羊的小孩和上街买菜的老婆婆，老师都会一一上前问候，那和蔼可亲的样子，让我感触颇深。

老师品格崇高，画也好。他一向守贞，晚节弥坚，故有《安贫乐道图》；刚正不阿，威武不屈，故有《屈子行吟》《风雪颂》。爱国爱民，九死未悔，故有《于无声处听惊雷》《解冻图》，等等。其画大气磅礴，生机盎然而有诗意，堂堂君子之情怀直贯其间，此其高洁品性使然。

我和父亲在老师身边耳濡目染颇有所得，老师风范"天然去雕饰"，老师画作格调之高亦非常人所能及。我曾对父亲说："每每去找老师，我总希望能在老师跟前多坐一会儿，即便相对无言，也会觉得松风飒爽，清淳透醒"。父亲也颇有同感。

老师在病重的日子里，还挂念着我的学业，催我带画让他修改，他说："校外的学生往往不知道怎么收拾画面，老师收拾给你看。"他挂念着我的病，呻吟着嘱托南普陀寺的中修法师尽快帮我恢复健康，他说："小梵可得勤快些，常去寺里找法师。"

有人告诉我："老师最疼爱的学生有两个，在校的是良丰，校外的就是你了。"这我信。我还信：得老师之厚爱的大有人在。据说在老师的临别之际，他还不忘嘱托林良丰等老师帮我一把，多提点我的画作。虽然他们都是我在校外的师兄，但我总是把他们当作自己的老师那样尊敬，跟着他们学习、成长。

忆名家谱晓寒

打开记忆的闸门,我们的师生情谊澎湃有如潮涌。人世间,过眼云烟的事常有,能刻骨铭心的并不多。恩师虽然过去数十年,您的言传身教仍历历在目,您的谆谆教诲犹在耳畔。我会一直记着您的话语,继续好好生活,好好创作。

采访:叶子申

整理:叶子申

时间:2023 年 7 月 12 日

地点:厦门市张晓寒美术研究会

✺ 黄曾恒

笔墨里的文人风骨

我与张晓寒老师的缘分,可从我的祖父说起。

我的祖父黄省堂,曾经收藏过许多字画。在他的晚年,张晓寒与张人希、孔继昭等画家朋友常常到我家来看画。当时张老师才刚到厦门。

张晓寒老师与我父亲相识则是一次偶然。1957年,在厦门火车站的月台上,我父亲正要出发去北京,突然听到有人在喊:"黄先生,黄先生!"喊他的人正是张晓寒,张晓寒告诉我父亲,他曾经去过我家拜访过多次,却还没有机会与我父亲认识。两个人一见如故,此后便开始了终生的友谊,有了更多的互动交往。他们不仅在厦门文联的活动中常常会面,张晓寒老师还特地将他的大弟子杨胜介绍给我父亲,说:"这是一位才华横溢的青年画家。"杨胜也成了我父亲的好朋友,后来却又成了我的老师,领我走进绘画的园地。

在鼓浪屿,张晓寒老师是很有辨识度的存在。张老师来厦门的时候不到三十岁,总是拿着一根手杖,风度翩翩地经过我家门外那条坡道,使我的姑姑们很是倾倒。而他笔下的书画作品,却是非常正统的文人画。从事古典文学研究的父亲虽然不擅丹青,但心底与张老师是相通的。

20世纪70年代的某一天,张晓寒老师来访,看到我家墙壁上挂着一幅郑祖纬的《鸭江濛雨近黄昏》,便告诉我父亲,他认识这位画家,是潘天寿最器重的弟子,此人在画画上近乎天才,却英年早逝,潘天寿为之哭得老泪纵横。父亲十分动容,他知道张老师也是潘天寿的弟子,就把此画赠与张老师作个纪念。张老师回去后不久,就画了一幅《雁门诗意图》作为回赠。那幅画简洁明快,在大片的高峰壁立之中,松枝承雪横斜而出,在高高的岩石上,身着红衣的人正在吹笛子。张晓寒知道我父亲喜欢元朝诗人萨都剌的诗,还特地选了一首绝句在画上:"下有万年松,上有太古雪。只恐明月中,铁笛吹石裂。"因太过于激动,"上"和"下"都写错了。这幅作品有人觉得那一点红色过于突兀,但我父亲认为整幅画的意境就集中在那一点红上。

我的父亲是理解张晓寒老师的。他写道:"晓寒同志这幅画作于1976年,这一年我国正处在灾难深重,万马齐喑之秋……晓寒同志惨遭迫害和凌辱,可是他的作品没有半点消极颓唐的情绪,相反地却在冰雪摧残、万花纷谢中,听到'铁笛吹石裂'。这红点将喊醒沉睡的群山,他将像鲁迅笔下的'死火':'他忽而跃起,如红彗星,并我都出冰谷口外。'(《野草》)晓寒同志的画象征着如此乐观主义的精神,这是他在多难的生活中看到深层的本质,深刻认识历史的巨轮不会倒转的规律。于是他有了力量,对生活充满信心。他笔下的形象充满活力。"

在风云莫测的年代,张晓寒老师与我父亲一样,都有着自己坚定的立场,就像对待画画这件事,不管在什么样的条件下,张晓寒老师是不曾放弃的。

"文革"期间,张晓寒与我的父亲都是坐过"冷板凳"的。在落实政策后,我父亲从闽西回到厦门,有一次,他在中山路的人行道上偶遇戴着帽子的张晓寒老师,那时张老师刚刚从监狱中放出来,人非常消瘦。故人相见分外激动,我父亲问他:"上哪儿去?"张老师回答:"买宣纸。"父亲问:"您还画吗?"张先生回答:"我刚从监狱出来,回到家里,看到所有的东西都被抄家抄走了,只余下一块砚石被弃在墙角没人要。我想那是预示着我的命运,非要画画不可的。"

张晓寒老师的回答让我的父亲十分钦佩,有种"同类"的亲近感。过几日,我父亲在过访杨胜老师的时候,特地了解张晓寒老师的近况。杨胜老师给他看了一幅张老师画的《怀沙图》,是《涉江》里的屈原形象。这与我父亲对他的理解不谋而合。

我父亲与张晓寒老师之间的交往不算频繁,但称得上是心心相印。如果真正懂得张晓寒老师,那么,他的画有很多价值可以挖掘。他寥寥的几笔,不能说服所有的人,但亲切的人能感受到其间的生命力。我就曾在他家看到一叠草纸,草纸上面画了竹子和梅花。笔是破笔,纸是草纸,但上面的画却十分动人,可以说,即使在最差的环境里面,张老师的画总是洋溢着生命气息。

我自己与张晓寒老师第一次见面是在1973年,我15岁的时候,当时我正跟着杨胜老师学画。有一次,杨老师把我画的一幅乌云翻滚的海景挂在

笔墨里的文人风骨

1975年春节于鸡山草堂

（前排右起：王秀珍、张晓寒、杨胜，后排右起：卢乾、林生、黄曾恒、郑景贤、叶天枝）

墙上，被张老师看到了，他说这孩子不错，杨老师就把我介绍给张老师。那天夜里，我们在杨胜老师家见面，杨老师让我随意提问，我于是向张老师开始了最初的请教："画面上的题字应当怎样来布局？有些什么讲究？"那个晚上他为我讲了许多，这是第一课。从此之后，杨老师就经常带我进出鸡山草堂，向张老师学习求教。

1977年后，杨胜老师到香港定居，张晓寒老师继续教我画画，他说："以前由杨胜老师负责，现在由我来负责。"此后，我每星期都去鸡山草堂请教，在那里我结识了许多前辈师兄，有林生、卢乾、曾锦德、郑景贤，等等，我从他们那里也得到许多教益。张老师谈吐有趣，让旁听的人印象深刻。我记得有一次张晓寒老师问我，读的是什么书？我回答，石涛画语录。张老师说："那我问问你，氤氲两个字是什么意思？"我不知道怎么解释，张老师说："感觉就像是煮饭后再闷一会儿。画面上应该要有这样一种气氛。"张老师告诉我们，他推崇黄宾虹的法门，要自然的，有烟霞的，有湿度的。我们看张老师画画，虽是寥寥几笔，却铺得满纸淋漓。

我学张晓寒老师的画，是有一种性格上的默契的。记得很小的时候，有一次，我在家里随便画了一幅画，住在隔壁的篆刻家许霏到我家，看了一眼说，像张晓寒。有一日，张晓寒对我说："曾恒，你的兴趣大概是比较近于'古'的，他们是比较近'洋'的，而我则是接近'土'的。"

忆名家话晓寒

事实上，张晓寒老师对古人是下过功夫的。但他唯一临摹过的古画，只有明代的蓝瑛。他就像黄宾虹一样，博采众长而融会贯通。早年张老师在政协全国委员会秘书处工作时，有一次会议现场，看到很多老人都有人搀扶着来开会，却只有一个人是孤零零的。赶忙问工作人员那个人是谁，当别人跟他说是黄宾虹时，张老师赶紧跑过去搀扶，十分尊重，细心照顾。黄宾虹也画了两幅画作为对张老师的回赠。

张老师对我说："可以十天不画画，但不能一天不读书。"他在国立艺专学习时，经常是带着一本书到茶楼一坐就是一整天。所以说，张晓寒老师受到传统文人思想的浸染很深，他对自己的评价也是文学气息重于技巧。与古时的文人一样，张老师爱喝酒，喝完酒越画越精神。想请他画画的人，自会备上酒，再将纸笔备好。而喝过酒的张老师，思维更加敏捷，画画往往一蹴而就。

关于师承，张老师亦是非常重视。有一年春节，我与父亲、周祖譔先生去给张老师拜年，在他家里看到了几幅作品，包括《武夷宫》《风雪颂》等，都画得特别好。周先生拍拍我的肩膀说，这是祖师爷啊！我家里有一本宋拓《石门颂》，是杨胜老师初教我绘画时送给我的，杨老师说，这本字帖是张晓寒的老师吕凤子指定张老师学习的，张老师又将它传给了杨胜，杨胜老师把它送给我，这便是师门传承。

在教学上，张晓寒老师是出了名的严厉。有一次，我画了一张画，画上是竹林中的房子和小溪，张晓寒和林英仪两位老师来到我家看了，林老师说，不错，很有进步。张老师说："'三天打鱼，两天晒网'，进步太慢了。"在这样的"厉词"之下，他又回头对着林老师开玩笑似地说了一句："有进步是他的努力，但进步不大是你我的责任。"

张老师与学生的关系就跟仲尼弟子一样，十分亲密。张老师虽然是出了名的严厉，但不管他怎么批评，大家心里都不会不舒服。不仅如此，学生又将他像父亲一样看待，家里有矛盾，也请他调停。还有些学生交了女朋友，也先去听张老师的意见，打心底将老师当成家长。

张老师不断鼓励年轻人，心底要有"热情"。听说我要去厦门瓷厂实习，张老师跟我说，他被关在凤屿学习的时候，天天早上看着火车站后面的山，感觉很美。而我现在上班天天经过那里，张老师就让我把它画下来。我画了一幅，冷冷清清的，他很不满意，说："年纪轻轻的不画热闹一些，年老了怎么办？"他接着说，请师兄帮忙吧，结果是林生为我补充了广场上的一切情景,林老师画得很细致,连公共汽车上面的广告也仔仔细细地都记录了下来。

张老师是个非常深情的人。听我老师杨胜说,反右时,杨夏林被打成"右派",当天晚上,张老师就带着酒去杨夏林家安慰。对待年轻人,他同样体贴入微,他的大弟子杨胜十七岁时已经在华东六省一市画展上得奖,后又参加国际青年联欢节获奖,可谓才华横溢。当杨胜后来选择去香港做生意时,我跟张老师说:"杨老师没有再画画,实在太可惜了!"张老师答:"杨胜做生意还是艺术家做生意,我们这里很多人虽然是画画,却是生意人在画画。"在我看来,张老师对自己学生的认同是非常了不起的。他能体会到学生内心的生命。事实也证明,杨胜老师最后还是回到工艺美术的,1959年人民大会堂的瓷器是他做的,2017年金砖国家会晤的瓷器,又再次出于杨胜老师之手。张老师告诉我们:不管穿什么衣服,艺术家的内心不变。

我在工艺美术厂工作的时候,有一次,中国工艺美术学会和西北大学联合办了一期汉唐艺术研究班,要派人到西安和北京学习,福建共有四个名额。因我在1981年时曾发表过《神话与工艺美术》的论文,张晓寒老师就推荐让我去,为此,张老师特地来厂里征询我的意见:"去一整年,你父母亲愿意吗?"我跟他说:"我父母服从组织安排。"就这样,在他的推荐下,我去西安学习了一年。这是我一生中最大的收获。

此后,为了协助我前往敦煌考察学习,张晓寒老师专程写信给敦煌研究院院长段文杰,信中说:段大哥!此生好学,请对他进行照顾,给予指导。在张老师的帮衬下,敦煌文化研究院平时每次只开放15个洞窟,当时特别为我一个人开放了60个洞窟给供我学习,还专门指派工作人员带我一边看,一边讲解。

张老师去西安参加编教材时,我委托我的同学去带他去玩。张老师非常客气,送了一幅画给我同学,临行前还问:"有什么要交代曾恒的?"我的同学知道我喜欢吃西凤酒浸泡辣椒酱,就委托张老师给我带回来。这罐辣椒酱,竟把张晓寒老师皮箱里的衬衫都染脏了。

我想,我亲近张晓寒老师,主要是气质上、风度上人格上的景仰。赋闲的时候正是张老师创作的高峰期,而在厦门美术协会成立之后,他又积极入世,为学界和艺校四处奔忙,不惜把身体拖垮。

张老师说他希望70岁到北京开画展,我们劝他现在就办,他说现在画不够好,我问他还有什么欠缺呢? 他回答:还不够辛辣。1986年,病榻之上被迫闲下来的张老师开始规划出版画册,他让我为他的作品拍照。

我还不太熟悉拍反转片,就在鸡山草堂外面的墙壁上,一幅幅地将张老师的画悬挂起来拍摄,结果是不理想,当时的环境色温偏高了。当时我二姨正好从瑞士回国,送我一部幻灯机。我就将拍好的照片以播放幻灯片的形式一张张地映在医院病房的墙上让张老师躺在病床上细细挑选,当时许多同学簇拥在老师身边。很遗憾,那些本应在张老师生前完成的画册,直到1995年才通过福建美术出版社印刷出来。

一眨眼好多年过去了,张老师去世时,我才三十岁,和他相处才十五个年头。失去张老师,对我来说,不仅是失去了一个导师,同时也失去一个"知音",但他留给我们的点滴,都将伴随我们前行。

采访:谢晓婉

整理:谢晓婉

供图:黄曾恒、松风

时间:2023年8月

地点:厦门所欣书房

笔墨里的文人风骨

1976年晓寒先生所作《雁门诗意图》

※ 曾华伟

老师的"改画"理论，我记了一辈子

我于1977年考上福建省工艺美术学校，系统地学习国画。在校的前两年，分别是邱祥锐、杨夏林老师给我们授课，到了第二年，有幸聆听张晓寒老师的教诲——他教了我们四周的课程，让我在短短时间内受益匪浅。

事实上，在张老师还未正式给我们授课之前，我就经常在学校见到他。他总是穿着那件洗得发白的中山装，口袋里插着一支钢笔，看起来气质不凡。甚至我还听说，更早期时，他还穿过民国时期的长衫，想来也是别有一番风骨。

在以后的许多个年月里，张老师都是穿着中山装，在三尺讲台上，在艺术创作中，在为厦门市美协的日常工作中不断奔波忙碌，直至患病逝世。他对于我，像是艺术世界里的一盏明灯，照亮了我前进的道路。每次回忆起张老师的音容笑貌，总是不胜唏嘘。

艺术创作要讲究"气韵"

记得张老师第一次来给我们上课时，他对着全班同学的面说："你们先画一张，我来摸个底，看看大家的水平和基础如何。"同学们听完，立即"唰唰唰"地开始动笔。

我当时画了远山、松树等。张老师看过之后，对我说："你画得很好。"并当即给这幅画取了一个名字。

张老师上课，有一个特点，并不是一味地讲理论、基础，而是让我们多读书。他经常说到自己在重庆国立艺专读书时，画画并不勤快，更多的是看书、读诗。他说每天早上，他都会把书带着，一边散步，一边看书。他常常说:"画画最重要的是你的胸中要有丘壑,如果没读书,或者书读得少了,你的画就会缺少内容,缺乏精气神,画出来的东西就没有灵魂,没有那股气韵,只是流于形式。"

的确如此,学生时代,我们不少同学都会模仿张老师画画,有些作品画的形很像,但怎么看都不对味,和老师的作品差距很大。我想,这应该就是我们读的书不够多,作品内容比较空洞。

张老师教画,还有一个特点,就是很重视人格的修养。他认为人品和画品是紧密相关的。想要画出格调高的作品,必须要有高尚的人格,只有绘画技巧而没有人格修养,是不可能通过自己的作品去感染观众、净化他们的心灵。

他常说:"画家写景,就是写情,因为情、景都是心灵的流露。画家就是造物者,能将千里江山尽收笔下,大自然的一草一木、一山一水,都可根据自己的需要而任意取舍。绘画的感情,最后情景两忘,进入无我的境界。画和人生是紧密相关的,做人的道理可以从画中体现出来,如执笔一定要做到心正笔正,画一棵树,树根要扎深扎稳,这好比做人一定要脚踏实地,发心要宏要深,只有根深,才能蒂固,才能任重道远;树干要画得潇洒、自然,不可太死板,这好比处世要洒脱,顺应自然,做到随缘不变、不变随缘,不可太呆板;点树叶要有疏有密,这好比对自己或别人都应宽严得宜……"

张老师的这些话,让我们受益匪浅,到现在都还记得。

老师教我改画的道理

说完张老师的艺术理念,我想说说作为学生的我和他在一起相处时的细节。

记得有一次,张老师组织我们班到厦门岛上的植物园写生。当时我和另外一个同学,负责为这次写生准备一顿午餐。其实,我们都明白,张老师对饮食方面并不讲究,但我们作为学生,总想着能给老师准备点好的。

就在写生前一天,我们从鼓浪屿坐船来到厦门岛,找了很多家商铺,想给老师买一瓶好酒。结果愣是没买到一瓶,最后,只好买了地瓜酒。其实,地瓜酒不好喝,又苦又涩又很烈,很伤喉咙。但是张老师知道后却很开心,他说没关系,我就爱喝地瓜酒。

到植物园写生那天,张老师喝着地瓜酒,吃着午饭,还为我们演唱了一段京剧,精神很不错。

还有一次,张老师带我们在鼓浪屿写生,那次也给我留下了十分深刻的印象。当时我对他说:"张老师,我总觉得自己画不好,经常没个头绪,想放弃。但您为什么每张画都能画那么好?"对此,张老师笑着说:"其实,我也不是每张画都能画好,但是我有一个窍门,会改画。我会一直改,把不行改到行为止。"

张老师的这句话,让我记了一辈子。从那时起,我就学习张老师,把一张画改到满意为止。一直到现在,我从来没有丢弃过一张画。

作品第一次登上《厦门日报》

几乎每一个和张老师接触的学生,都深深地明白,张老师很疼爱自己的学生。

在日常的教学过程中,这点自不必说。平时我和同学隔三岔五都会往张老师家跑,像去自己家一样自然。经常地,张老师就会把自己新近创作的画扔到床上,让我们一一欣赏。遇到不懂的地方,他就会现场"教学",给我们答疑解惑。

有时候,我们一起出去,走在路上,张老师看到路边的一棵树、一块石头,他也会现场指导我们,这棵树、这块石头要怎么表现,怎么画比较好。可以说,他时刻把教学装在心里,把大自然当作教室,无时无刻不在给我们上课。

还有一次,张老师为了鼓励同学们好好创作,对我们说:"如果你们画得好,我就会把你们的作品推荐到《厦门日报》去刊登。"后来,我到鼓浪屿鹿耳礁写生,画了一张体现鼓浪屿的作品,被张老师看到,推荐到《厦门日报》,果然刊登了出来。那是我的作品第一次登上《厦门日报》,当时特别开心。

我和张老师的师生情,从毕业之后也一直保持着。只要空闲,我就登门拜访,无论是请教创作,还是探讨其他事情,形成了一种习惯。如果一段时间没去,我的心里就会空落落的。只有到了张老师家,才会安心。

张老师也一直关心着我的学习、工作。毕业后,我刚留校当老师。有一次,遇到了张老师,他语重心长地对我说:"当老师很光荣的,可是老师没那么好当的哦,你还是要继续提高,继续修炼,要做一个好老师哦。"他的话,对我而言是一种鞭策,更是一种鼓励。

浅论老师的艺术特色

除了和张老师的交往,我还想谈谈老师的艺术创作。

张老师平日多作山水画,而他的许多画作,都是"简"字当头。特别是抒情适意的花鸟画,更是在意兴驱使下,信笔而作,往往草草几笔,"像已生也",且气韵生动。

老师有一幅《斑竹红霞》,画面上迎风而立的一棵墨竹,一气呵成。一块怪石,几笔勾成,再配上题诗,一幅从构图到笔墨都极为简约朴素的佳作,就带着令人透醒的气息呈现在眼前。

除了美术作品,张老师的书法往往是余兴之作,墨迹并不多,关注的人也很少。但他在山水画中题跋的字,大家并不陌生——长长的题跋,磊落方正,自创的书体和他的山水作品是那样的协调,给人一种全新的感受。

张老师的书法墨迹,以我所见到的而论,不下五六件,其中的对联"水色山光增妩媚,花香鸟语共徘徊"是一件极好的作品。这件作品是张老师1986年所书,在风格与气质上,都能反映出先生的书法性格。

张老师的书法,可以归结为以下几点:用笔方圆、笔笔中锋,均匀的线条中见粗细的变化,笔笔有骨、刚中见柔;似藏似露、含蓄沉着、一任自然、轻松,似乎出之无意;文字结体方而不方、匀而不匀、平平淡淡,似乎不按书法中的章法规矩,如在绘图中,全凭情绪激荡,信笔写来,整体上自成天趣。

张老师生前没有留下关于书法的论述,不过,细读一下他的书法作品,从中就可以发现并得到一些启发。可以说,张老师凭着他一生的绘画功力,对书法进行"旁敲侧击"而写成的。因而我们可以领悟到他在用笔、结构、章法上的妙处所在,尤其是了解他绘画作品的人,更不难领悟到他的书法精神。

张老师生前曾对我说:"画要像美玉一样,既浑厚,又有温柔的素质,既有斑斓的色彩,却没有一点媚气,全凭得之于自然。"绘画如此,书法也是如此。

张老师在世时,孜孜不倦地实践着自己的艺术道路。他所遗留下来的人品、艺品,都给后来者带来了极大的影响。我想,不管时间过去多么久远,我都会一直记得他的谆谆教诲,持续践行着他留下的艺术精神。

采访:叶子申

整理:叶子申

时间:2023 年 7 月

地点:曾华伟工作室

※ 周　煜

师表风范，惠人一生

　　时隔多年，从前经历过的许多事情都随着时间的流失，渐渐地淡忘了，但与晓寒先生在一起的日子，虽已过去多年，至今想起仍是历历在目。

　　我从小就喜欢写写画画，上小学时，曾经跟着舅舅苍草先生学习中国书画，后来又投在书画家林岑先生门下。也因为喜好书画，在20世纪70年代末，我就业于厦门书画社，从事中国字画的装裱工作，有机会认识许多书画名家，其中就包括张晓寒先生。

　　刚认识晓寒先生是在1978年。当时我17岁，还是个小青年，而他已经是著名画家，也是福建工艺美术学校的老教师，桃李满天下。

　　也许是缘分吧，初次见到满头银发的先生，我觉得他是个可爱的老头，平易近人，特别是对年轻人更是关怀备至，与先生的交谈总让我觉得受益匪浅，渐渐的我们竟成忘年之交。

　　记得有一次，在与先生的交谈中，他突然提出接收我成为他的学生。开始我觉得茫然，不解地问先生："我学的是花鸟画，您是画山水画的，我怎么跟您学呢？"先生微笑地说："没关系，有空到我家来吧。"

1984年10月，与张晓寒先生在南京

（左起：郑国荣、周煜、张晓寒）

忆名家话晓寒

就这样，我从此与先生结下书画情缘，有时间我便常常到鼓浪屿鸡山脚下的先生家。先生家总是高朋满座，谈笑风生。先生也会经常和我聊书画、读书等，让我受益匪浅。我也从最初的拘谨，到后来慢慢放开。

我记得第一次到先生家，先生就问我："是否熟读唐诗、宋词？"我非常惭愧，无言以对，因为我是在动乱中读的中学，读过的诗词确实很少。但我深知老人的用心，他是在教我绘画以外的东西，让我增加文学修养，这对学习中国书画是非常有帮助的。

于是我在回去的路上，就直奔新华书店，购买了《唐诗》《宋词》等古典文学，拿回家认真学习、品味。

一直到如今，我还是常常回味先生的教诲，学习中国画，不仅要学习笔墨技巧，更需要人品、道德与文化修养，也就是先生常提的"人品"和"画品"。

先生人品、艺品俱佳，于1982年10月当选为厦门市美协的首届主席。之后，他在教书之余，事务更加繁忙。但有机会遇到，他还是会认真地关心我的工作、创作。

先生不仅对年轻人给予谆谆教诲，其行为人格也深深地教育了我。记得改革开放初期，厦门新建了国际机场，先生作为总指挥，全面负责新机场候机大楼的装潢布置。

1984年10月，同张晓寒先生赴南京参观全国美展
（左三：张晓寒；左五、六：郑国荣、周煜）

先生忙里忙外，不亦乐乎，他安排厦门画家创作了一批中国画作品，唯独没有先生自己的作品。

我不解地问先生，可先生笑着说："赚钱的机会让给别人，作为美协领导，我要公平地对待每位画家。"

先生的话深深地感动了我，能在这么重要的场所有自己的作品，以及那

师表风范，惠人一生

一二千元的稿费，在那个年代可是一笔不小的收入，谁不愿意画呢？但先生却没有这么做，他的宽阔胸怀和宏大格局令人敬佩。

我和先生一起出过几次差。其中一次，也是因为那批为厦门新机场创作的画。当时因为考虑到南方天气比较潮湿，这批中国画要制成人造花岗岩。但在实际操作中，却遇到了一些困难。当时先生叫我和他一起，到漳平的人造大理石厂。在漳平火车站，先生的学生得知他要来，早就等候在那里。等到先生出来，他们齐齐拥上去，足见对先生的尊重和欢迎。在漳平的那些日子，先生几乎每天都会被不同的学生家长请去吃饭。及至我们出差结束要回厦门时，先生的大批学生也一起到火车站送他，很多人甚至都哭了。那场景让我印象深刻，永生难忘。

我想，这就是晓寒先生那强大的人格魅力所在吧。

其实，在漳平，我还记得一件事。当时先生所带的烟已抽完，整个县城愣是买不到厦门产的"友谊"牌香烟，我便与先生走遍了漳平县城的大街小巷，边走边欣赏县城古老的山村建筑与民俗风情。

先生对我说："无须到名山大川，只要把闽山、闽水搬到画面就非常美了，我常常带学生来这里写生。"

是的，"山不在高，有仙则名。水不在深，有龙则灵"。唯先生德馨，从先生的画中，我常常看到这朴实无华的景色，更衬托先生的"人品"、"画品"。我心里默默记下了这句话，在我之后的创作中，我也坚持以身边的风物为创作对象，画下了许多以闽山闽水、本地花鸟为题材的作品。

1982年，厦门市美术工作者协会成立大会合影

忆名家看晓寒

另一次和晓寒先生一起出门是在1984年。当时第六届全国美术作品展览在南京举行,这是五年一届的全国重大展览,是难得的学习机会。于是我向单位领导请假,想前往南京参观学习。但是满腔的热忱却被迎头泼了一盆冷水——请假被领导拒绝了。

先生得知情况后,便竭力劝说我单位的领导,终于同意我随先生赴南京参观展览。这是我第一次有机会观看高水平中国画展。我们从厦门的和平码头坐船,一路北上。等我们上船时已是傍晚时分,我便去排队购买餐票,再去点餐。

等到船过金门海域,风浪变大,船晃得厉害,队伍就乱成一团。我仍坚持排队。到结账时,先生却过来阻止,坚持要他来付钱。他对我说:"你刚开始工作没几年,手里也存不下多少钱,还是我来吧。"我不敢违抗先生,只好让他买单。那一路,途中所有的开销都是先生承担,想来让我惭愧不已。

到了南京,先生带着我穿梭在展览现场,一边看作品,一边做解读,引导我如何欣赏画作,让我获益良多。

之后,先生要去北京开会,他又鼓励我到黄山写生,还写了介绍信给他在黄山宾馆的朋友,信上是这样写的:"有厦门的青年画家到黄山写生,请予接待",等等。

我揣着先生的介绍信上了黄山。但在黄山,我始终没敢掏出介绍信,而是选择住在另一家招待所。

晓寒先生为人豪爽,面对众人的"求画"要求,他也总是来者不拒。记得当时先生要到省里做展览,他来书画社做装裱。当时我们五六个年轻人向先生求作品,先生没有拒绝,大方地说:"你们先挑,等我展览结束回来,再给你们。"

果真等到先生办完展览,他没有食言,按照我们之前说的,给我们

1987年张晓寒先生于老年大学教授山水画

一人一张他的画。而令我感动的是,先生给其他人的作品中,都会写上"某某同志",但在给我的那张《雪里芭蕉》作品中,他写的却是"周煜弟"。因为

"弟"就是弟子的意思。先生再次认可我是他的弟子,这让我很温暖。这也是我收藏的唯一一幅先生的作品,至今仍是珍藏。

1986年12月,经过先生和其他人士奔走呼吁,厦门画院宣告成立。但先生却功成身退,不当画院院长,而是把机会让给别人。当时先生曾一度想把我调到画院工作,但我对他说:"先生您不当院长,我就不去了。"后来就真的没去。

其实,那段时间先生已经得了重病,多次住院。但他依然闲不住,放不下工作。有一次,他到市文联来,和领导讨论工作。大家都知道他病了,却不知道住在哪间病房。直到我把先生送到医院楼下,他这才悄悄告诉我病房号。

以上的片段,都是我记忆中和晓寒先生印象较为深刻的几个。事实上,从1978年初识先生,到1988年先生逝世,我和先生相识整整10年。这10年,先生像父亲那样教导我,教育我。古人云:"古之学者必有师,师者,所以传道授业解惑也。"我有幸与先生结缘,得到先生的教诲,乃我三生之幸也。

采访:叶子申

整理:叶子申

供图:周　煜

时间:2023年7月5日

地点:厦门市张晓寒美术研究会

忆名家话晓寒

1981年张晓寒先生为周煜作"雪里芭蕉"图

※ 林良丰

德艺双馨堪敬仰,师表风范泽后辈

1978年2月,我作为恢复高考后的第一届学生,来到鼓浪屿上的福建工艺美术学校(今福州大学厦门工艺美术学院)就读,学的是工艺绘画专业。

从那时起,我就和这所学校结下了不解之缘——从当学生到执教,从少年到中年,及至2003年辞去教职,前后共26年的时间,我都在这所学校度过。

我认识晓寒老师,也是在这所学校。那时我刚入校,在迎新晚会上,我第一次看到晓寒老师,他满头白发,和其他教职工一起在舞台上合唱——那热情奋发的样子让我记忆犹新。

之后,晓寒老师教授我们山水画。不过,他说得最多的并非山水画的技法问题,而是教育我们如何堂堂正正地做人,如何多读书、多思、多想。

令人感动的是,每次上课,晓寒老师总是提前十分钟在教室门口等候学生。每回讲课,他都提前认认真真地备课,在小本子上写了很多的提纲和要点,并绘制了很多示范图,学生们每人人手一张并交替着临摹。老师不时地会作画示范给学生看,然后再补景成图送给学生。所以有跟老师上过课的学生,几乎每人都有一张老师的作品。

记得有一次,老师在示范画房屋时,边画边说——这是主卧,这是客厅,这边是厢房,那边是厨房,厨房可煮好吃的,所以有炊烟袅袅,家里养着小鸡小鸭,得围个栏栅,免得家禽乱跑。画点景人物时,老师会说,这是奶奶牵着孙子,等候下田种地的儿子回家,这是新婚夫妇撑着花伞搭船回娘家⋯⋯使学生不知不觉地在看画的过程中融入画里,并潜移默化地形成作画时的一种迁想状态。

此刻,我的思绪也随着飘到了和老师相处的那些时光中去⋯⋯

忆名家话晓寒

困顿生活中的希望

老师的家坐落在鼓浪屿鸡母山麓的鸡山路10号,名曰鸡山草堂。一丛挺拔的翠竹,掩映着一排二层的瓦房和一处小庭院。老师一家就居住在楼下东侧的两个房间,厨房是搭在走廊的过道上的。

十几平方的房间,除了床铺,就是画桌,简易的书架上,摆满了各个门类的书籍。一张老旧的藤椅,墙上乌黑发亮的古琴,总是伴随着老师的三更灯火和新作的阵阵墨香。房间虽然拥挤,却是井井有条。这里总是人来人往,有同事、有学生、有朋友、有慕名拜访的,还有求画的……

老师的画桌上摆放着一个饼干盒,里面放着糖果。每当客人来,无论老少,他都会请吃粒糖,让人少了几分拘谨。由于白天客人较多,所以老师作画的时间一般都在晚上,常常是在众人散后,书灯犹独明。

从老师的家到学校,前门是狭窄的小巷,经内厝澳,后门是从鸡山经康泰小学。十年间,我往返其间不计其数,闭着眼睛都可以从学校走到老师的家中。每当夜深人静,看完老师作画后返回学校时,经过康泰小学前的那片坟地,心里总是怕怕的,直到日子久了,才不以为然。而当月圆之时,路上的婆娑树影,流光飞萤,却是静寂得迷人。

20世纪70年代中期,老师还处在未返回教师岗位的工作处境,生活上也极其困难,子女均下乡永定,除了微薄的工资收入外,就是靠师母帮人缝补衣裳贴补家用。据说师母用的那台缝纫机,还是老师用自己珍藏多年的一张潘天寿先生的作品和一张黄宾虹的作品换来的。

虽然生活处境如此恶劣,但每逢春节,老师都会在书屋的花瓶里插上一枝梅花,在画案上摆上几株水仙花,把对春天的喜悦和期望宣泄出来。后来,老师因病住院时,这一习惯还是没有改变,"医院也得山林趣,插上梅花便过年",只不过心境是从期望转为豁达而已。

每逢过年、清明、中秋等重大传统节日,老师都会在画室里挂上其所作的《马驼沙上人家》一图,老师说,这幅画是画其江苏靖江老家祖屋的几棵绿柳、数椽屋舍,远景是家乡的马驼山。我深深地感受到老师的怀乡之情。

在家中,老师除了和师母说家乡话外,还教子女们说几句,老师经常说:"不要忘本啊!"而每逢端午节时,老师就会挂上其所作的《怀沙图》。那是一幅描绘屈原徘徊于汨罗江畔的佳构。我想,老师平时并不多说什么,但其民族传统的情怀和文人的气节是何等的炽烈。

老师的嗜好

老师平时没有多余的嗜好，唯抽几支香烟，喝几杯小酒而已。

老师抽的烟，是当时最便宜的地产"友谊"牌香烟，喝的酒也是地产的地瓜酒、米酒。遇上老学生或朋友偶尔送来一两瓶"丹凤高粱"之类的酒，他也总是舍不得喝，而是拿出来招待客人。

同安水彩画家王永钦老先生经常从同安来看望老师，他们俩常常是几杯小酒下肚，便谈到更深，下酒的小菜却是几颗花生米或一小盘瓜子。有时杨夏林老师前来，也会喝上几杯。

老师酒后，画兴最高，思维也似乎更敏捷，往往是乘着酒兴挥洒自如，很有文人的洒脱和豪气，而杨夏林老师却是酒后从来不作画，必须小睡才行。

凡跟随老师学画的学生，往往也得口福，也多少会喝上几杯（林岑老师滴酒不沾，是个例外）。师兄弟间，就数曾锦德的酒量最好，只是其酒后颠狂之作，经常被老师所批评。

老师喜欢吃臭豆腐，吃鲜鱼，也喜欢养猫。据说有一次，老师在交管局的一位老朋友到江苏出差，老师特地委托他从老家捎回一罐臭豆腐，不料在火车上，这位朋友不小心把罐子打破了，引起整车厢旅客的指责，很是狼狈，后来大家常常把这事作为美谈。

1981年夏与晓寒先生(左)游武夷山　　1986年春与晓寒先生(左)在鼓浪屿福建工艺美术学校

平时老师家里也会腌一些臭豆腐,看着长了绿毛的豆腐,我始终不敢下箸。在厦门,餐桌上的海鲜是家常便饭,但在20世纪80年代初,市场上最常见的是巴浪鱼和带鱼,况且生活上不宽裕,吃鱼便成了一种奢望。

1981年春,我随老师赴太姥山,并取道温州往雁荡山写生。那天中午,在温州候车用餐时,我们在瓯江边的一间小饭店里点了一盘青菜、一碗豆腐汤。老师说:"你看这鱼多鲜,我们点一条清蒸,好好享受一下。"

于是我们俩一老一少,坐在临江的街边,望着远处的江心屿和过往的船只,那种惬意令人回味。

老师说:"吃鱼不要怕被鱼骨卡到,你注意到猫咪吃鱼吧,它会仰一下脖子,就吃进去了。"

老师家里养了很多猫咪,母猫生小猫,生了一窝又一窝。老师放在画桌上的画作及宣纸,就经常被小猫抓得不成样子。对此,老师经常是呵斥一下小猫,然后无可奈何地笑了笑。后来,猫还是养着,但画作只好搁在蚊帐顶上了。猫仔多了,也只好左邻右舍的送人。

牛肉丁也是老师喜欢吃的食品。也是在1981年春,我随老师赴雁荡山写生之前,到温州瑞安探望老师的外甥黄步扬。临行时,步扬夫妇上街买了卤牛肉丁让我们带上。到雁荡山时,包裹里的牛肉丁已经放置两三天了。

我们住在灵岩,从灵岩到响岭头要步行约40分钟。因响岭头有小餐馆,我们只得步行至响岭头,请餐馆的师傅帮忙将牛肉丁回锅一下,可是一连问了好几家餐馆,他们一听说是加工牛肉,个个摇头拒绝。后来,经过我们好说歹说,其中一家偏僻的小餐馆才收了五角钱的加工费,替我们加工。

那天晚上,细雨蒙蒙,山道静得出奇,唯有路旁小溪的流水声伴随着我们的脚步声。那夜,在灵岩,在一盏油灯下,我们嚼着牛肉丁,喝着白酒,听窗外竹雨的沙沙声。老师说:"这才是诗的境界,也是画的境界。"

老师的习惯

老师虽然在厦门生活三十几年了,但苏北口音不变,他总会把"黑"念成"赫",把"白"念成"伯"。由于闽南的普通话腔调极重,我们反怪老师说的我们听不懂,老师笑着说:"你们闽南话才怪呢,人念狼,狼念依,把人说成狼,把狼又说成依,是不是呀?"

对于闽南话,老师会听不会说,他总是将"吃饱"说成"呷补",将"苍蝇"

说成"乌寻",逗得我们挺开心的。

老师平时衣着简朴,浅灰色的中山装是他的最爱,干干净净,一尘不染,就连理发,也很少上理发店,总是请蒋永水老师代劳。老师也喜欢随身带一把黑色的长柄雨伞。有时他到厦门岛内开会或参加活动,那把随身的雨伞就成了他的拐杖。我问老师:"家里有学生从武夷山给你带来的竹杖,为什么不用呢?"老师说:"我还不到拿拐杖的时候啊,等到八九十岁时再用也不迟,不要老气横秋的,倚老卖老。"

1986年与晓寒先生(右)在鼓浪屿

有时我陪老师上街或散步,鼓浪屿沿街的小孩看到他,都会不时地叫着"张爷爷""张爷爷",无论老少打招呼,老师都会点头致意。鼓浪屿内厝澳的百岁老人油画家叶永年老师每次见到我,都会说:"云松师为人很好,学问也好,是个了不起的人。"

我跟随在老师身边十来年,有幸经常陪老师外出写生,每当外出,我就承担起老师的生活助理。老师吃的都是粗茶淡饭,从不挑剔,但在有些方面却很讲究,比如洗脸和擦澡的毛巾,需分开使用,而内衣裤则必须自己动手洗,从不让我代劳。

我有时对老师说:"我在洗衣服的时候,顺手洗一下又何妨呢?"老师总是笑着说:"难为情呀,人是需要相互尊重的,我不能不尊重你呀!"

冬天睡觉时,老师盖的被子,两边必须回折塞进身体底下,脚下的被子也得回折,很像江浙一带包粽子的样子,严严实实的,只露出脑袋。我有时在帮老师塞被子的时候,会开玩笑说:"老师你包裹得这么严实,会不会太闷呀?要是半夜起来小解,那该怎么办?"老师总是笑着说:"你睡你的觉,我如果半夜起来,也不会吵到你的,你放心好了。"

老师画画是用右手,吃饭用餐时是左撇子。究其原因,老师开玩笑地说:"各司其职呀,既要锻炼脑的灵活性,也要锻炼手的灵活性。"

20世纪80年代中期,学校为老师分配了两房一厅的教师宿舍,但老师一家七口人,两个儿子均已成家。老师只得和小儿子张潮住在学校,师母和大儿子住在鸡山老屋。老师早餐时在学校吃,午餐和晚餐则回鸡山吃。

老师说:"虽然要从学校到家里来回跑,但是能煅练身体啊,学校的教职员工多,身为老教师,要体谅学校的难处!"

那时杨夏林老师也从笔架山下搬迁回学校住。在老师的住处旁,刚好有一小块废弃的空地,老师便和孔继昭老师一起,荷锄培土,在这块废弃地上种了很多的菊花。

由于闽南气候温暖,每年的秋天至春节期间,这里的菊花都会盛开着,几分野趣,几分逸致,更有几分的傲骨。

后来,孔继昭老师去了美国,老师也去世了,我搬住老师的宿舍,并在墙上题了"张晓寒旧居"五个大字,在他们种植菊花的地上,种上了一株腊梅,如今腊梅成树,应是无恙。

关爱弟子

20世纪80年代初,老师的社会活动逐渐多了起来,也经常到厦门参加有关的活动,我总盼望着老师能来家中做客。

当时我住在厦禾路美仁宫的祖居地。由于房屋拥挤,只能在临街的小屋内搭了间高不及60厘米,宽约7米的阁楼,作为寝室和画室。

那天,老师到公园东门开工艺美术会议,午后抽空到我家小坐,问我在哪里画画,我说在阁楼上。老师爬上竹梯,看了一下阁楼说:"小是小了点,但有个画画的地方就应该珍惜。"后来我才知道,老师平生最怕的是爬竹楼梯,因近视,总有踩空的感觉,所以历来对竹楼梯是望而却步的。

1982年春,我奶奶去世。老师得知消息后,特地从鼓浪屿过海,到我祖屋吊唁,让我们一家人感动不已。

1983年春,老师需赴福州参加福建省六届人大会议,而代表们集中乘车的时间是早上六点。由于从鼓浪屿过海来的第一班渡轮是早上五点半，老师怕耽误了时间，提前一天到我家中。当时我住在袁厝社的小屋，老师并不嫌弃居住条件的简陋，留宿了一晚，第二天凌晨，准时与其他代表会合赴福州开会。

后来，我家搬迁至塔厝社，在一次美协会议的间隙，老师和林生兄还一起到家中用餐。由于条件有限，他们只是简单而匆忙地吃了一碗面条，这让我愧疚得很。

操心学生

老师对子女严格要求，总告诫他们，要通过自己的努力创出一番天地。20世纪70年代中后期，老师的两个儿子还在福建永定下乡，而当时很多下乡的知识青年都回城工作了，但老师从不因子女的事向学校要求什么。

然而，老师对自己的学生却又是牵挂无比。1981年夏天，为学生卢乾从漳州调回厦门一事，老师奔波于厦门大学等有关部门，终于促成卢乾回厦工作。同年又为霞浦的黄翔同学的毕业分配操心。1982年，老师为林锦璋同学的毕业分配问题，还特地抽空到泉州石狮一趟。此外，为了曾焕端从龙岩回厦门的调动工作，他也是费心不少。

我清楚地知道，让老师为之操心的还有很多很多的学生，即使他们毕业后回去了，老师也会抽空去看望他们，或写信鼓励他们：要安心本职，好好工作。

在这方面，漳州南靖的曾连端就有着深刻的切身体会。所以在老师去世后的数十年间，每年的清明节，连端都会抽空来厦门，同我们一起为老师扫墓，为老师点燃一支烟，敬上一杯酒。

对于有志从事艺术的习画者，老师总是倾自己之所能，为之传授，为之创造学习的条件。厦门九中、厦门双十中学的美术兴趣班，老师也是不辞辛劳地去讲学、示范。

1984年春，老师带学生至龙岩写生，并在龙岩、长汀等地举办画展。在龙岩讲学时，老师对从龙岩矿山来的书画爱好者特别关注，极力鼓励他们成立龙岩市教职工心源画社，并担任顾问，还亲自下矿区讲学。

当时矿山的职工杜伟喜欢山水画，老师还特地让他来厦门，他在老师家里住了一个多月，跟随老师学习画画。后来每次谈起，远在山东的杜伟，还是无比激动地倾诉多年前的那一段幸福时光。

1986年6月,我和吴建生、尤希明正筹备在厦门工人文化宫举办国画展。在20世纪80年代,厦门年轻人办画展可谓头一遭。当时老师已生病住院,但他很高兴,支撑着病体,为我们题了"三人国画展"的题签,在叮嘱我们好好筹备画展的同时,又鼓励我们要不断进取,多听各方面意见,把不足作为动力。

1987年夏,我到南平举办个人画展,老师为我题写了"林良丰画展"条幅,并告诫我说:"不要再到处办展了,画展后,要静下心来,多读书,多总结经验,踏踏实实做学问才是根本。"我听从老师的教诲,自此后,读书作画更为努力,直到十五年后的2002年,才于福州再次举办个人的绘画汇报展览。

老师对艺术非常执着,常说:"笔不惊人死不休。"又说:"凤先生、潘先生对我们的教诲,我何以为报呢,只有好好教书,好好作画,才能对得起他们。"

老师认为民族的艺术是需要传承和发展的,是需要一代又一代的赤子来共同成就的。当老师的大孙女与二孙女相继出生后,老师为她们取的名字是"张丹"、"张青",丹青无悔。"留取丹心照汗青"既是老师一生的追求和写照,也是老师对后辈的期望。

1986年夏,唐善忠同学从工艺美校毕业。临行前,同我去探望老师,并力邀老师到南平做客,因为老师被平反后,第一次出去写生的地方就是南平,就是武夷山。当善忠弟告诉老师,其家临江而居,并有小舟一叶可载酒逐流览胜时,老师非常兴奋,连说等他身体好一点后,一定要去。然而老师最终还是未能践约再赴南平,也成为善忠弟的一大憾事。

刚正不阿

老师曾在"特殊时期"中饱受磨难。但在那之后,老师却从不在人前提起这些不愉快的事情。

他总是说:"非常时期非常事,不要责怪谁,我已经熬过来了,要体谅做人的难处,过去的事就让它过去吧!向前看才是重要的!"这种胸襟与宽容令人赞叹!

但是,老师对很多违法违纪的事情却是深恶痛绝。当时身为福建省人大代表的他经常对我们说:"身为人民代表,就是要为人民讲话,是人民的喉舌,不然,你又代表什么?"

德艺双馨堪敬仰，师表风范泽后辈

1985年至1987年间，老师在身患重病的情况下，针对学校的许多人逆来顺受并默认为正常的事情，慷慨陈书有关部门，促成省纪检多次派工作组到学校调查情况。

老师常说："要相信党的正确领导，邪不胜正，时间是能说明一切的，公道自在人心。"

老师这种刚正不阿，不为已利的作风，使他成为许多弱者的主心骨，哪怕在老师身患重病住院治疗时，还有许许多多的人找老师倾诉。

我不禁回想起1981年同老师游太姥山时，见九鲤朝天的巨石一势排开，突兀矗立直刺苍穹，远处天边海角征帆片片，老师说，应该在这题上"天地良心"四个大字。我心里嘀咕着，这四个字，哪像名山大川的摩崖石刻所吟诵的？太平常与普通的句子，一点都不像文人的题词。如果题上"山海大观"那才切景！时隔多年后，我才深深体验到这句话的含义与分量。

病床前的侍奉

回忆这段往日的情景，我的心一下子沉甸起来，无边的哀思与惆怅又一次袭来。那是1987年11月9日，老师又一次住进了鼓浪屿第二医院，距其胃穿孔手术后确诊为胃癌已过了一年零九个月。老师是凭着意志与病魔抗争的，也明显地消瘦了许多，体重直线下降。

老师住院后，社会各界人士及其学生多次前往医院，对老师的病情予极大的关切。我也有幸能尽一个学生的义务，伺候在老师的身边，与老师同食宿三个月有余。刚进医院时，老师每天插着胃管，靠输液来维持身体机能和控制病情，每天输入药剂六七瓶，两三天就得输氨基酸一瓶，有时还得输血，几乎每天都得输液到隔天凌晨一两点钟。

半个月下来，老师的左右手都布满了打针的痕迹，让人看了心里酸楚不已，可老师却不时对医生说："少输点贵重药品，少输点血，不然要花公家太多的钱，会不好意思的，难为情啊。"

后来，为了护理上的方便，病房增加了一张床让我睡，老师说什么也不让加床费放在住院医疗费上报销，坚持自己掏钱："不要揩公家的油！"在住院三个多月乃至去世前的日子里，老师都丝毫没有向学校提出任何的照顾要求。

面对病痛的折磨，老师是十分勇敢的。当时经多方会诊和检查，医生的结论是晚期胃癌及肠粘连梗阻,必须尽快施行手术,可老师因胃癌抱病已近两年,年老体衰,是否经得起这次大手术的折腾,成为大家关注的焦点。在这生死关头,老师反而安慰起大家:"不要紧的,我能挺得住,多少的风风雨雨都能挺过来,做个手术不在话下,况且有医生的高超医术,你们还担心什么。"

当年的12月29日,也就是开刀手术的前夜,老师默默地躺在病榻上,深思良久:"抽根烟吧。"说着嘱我为其准备纸和笔。随后,他用颤抖的手,写下了"刀山火海饱经过,剖腹开胸老运通,尚盼人间留两日,余丝吐尽始轻松"的诗句。写罢,又是一阵沉默。我别过头去,止不住的热泪夺眶而出,心里一阵阵的痛楚,如刀绞割。

第二天上午,第二医院外科主任医师郭再生为老师主刀。经过五个小时的手术,老师终于平安地出了手术室,大家都为他松了一口气。

经过手术,老师更加地消瘦,但精神面貌却丝毫无衰颓之迹,除吊瓶输液外,依然是斜靠在病床上,看文艺心理学,看放翁诗集,看八指头陀诗文集,不教一日闲过。

老师总是说:"活到老就要学到老,人老了,不学习就会故步自封。"在老师的平常用印里,有一方"老不休"的朱文印,甚得老师钟爱。这正是老师做学问的格言。我除了护理老师之外,每日也于病房里将老师的诗稿进行整理和抄正。老师作诗和作画一样,总是反复修改,信封背面密密麻麻的诗句,删增极多,不易抄正,我则凭着自己的理解,抄正后请老师过目再定稿。

老师写诗,喜欢平淡中蕴真情,重余味,生活口语化的诗句很多,读来过瘾、真切。如题小楼话旧图的:"多少话儿说不完。"题金秋图的:"金谷笑声爽,地瓜酒也香。"题浔江渔火:"估来美酒听收音"等等,通俗易懂,无丝毫造作。

老师常教导我:"写诗不能写得苦,不能无病呻吟。年轻时要写得雄,老来要写得淡,另外还要加点盐巴,方见有味。""写诗要哼一哼,哼得不顺就要改。"

老师的最后一个生日

1988年1月8日,新年伊始。老师通过口授,写下了开刀后所作:"一晃人间也过来,堪回首处欣开怀。数悲换骨胎难换,适喜涤胸腹也开。手脚

德艺双馨堪敬仰，师表风范泽后辈

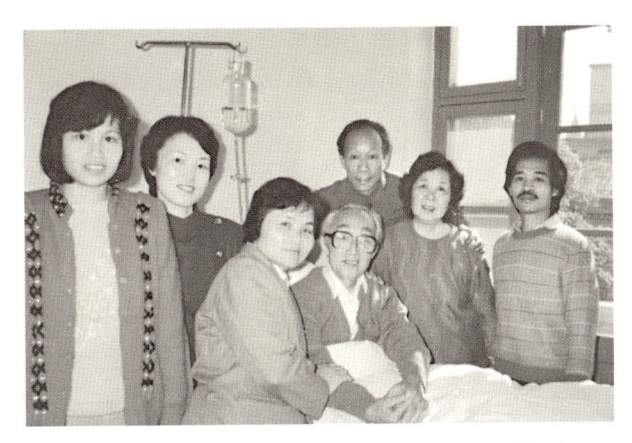

同晓寒老师及家人于鼓浪屿第二医院合影

尚沉还支撑，头颅尚不算迟呆。容我闭门闲作画，此生夙愿也了哉。"那种手术后又获新生的心境，呼之欲出。

"我爱生辰自作庆，知心几个一痛饮。惭愧父母遗此身，永保天真守本性。"1988年一月中旬（农历十二月初四日），是老师的生日。以往这个日子，很多学生都会自发地至鸡山草堂为老师祝寿。有一年，卢乾等人到四川、广东等地出差，还连夜从广东赶回来参加老师的寿筵，大家都不会忘记这个日子。然而谁会想到老师的这次生日竟会在医院里过，竟会是老师过的最后一个生日。那天一大早，我将原本干净的病房整理一番，老师的家人还特地送来一大束鲜花，整个病房犹如过节一样。当晚，我们几个学生和柯贤彩夫妇郑人概夫妇，以及老师的家人一起，为老师唱起生日快乐歌，大家心里只有一个念头，就是祝愿老师健康长寿，早日康复出院。老师这天精神也特别好，大家亲密地拉家常，真诚的情谊、温馨的爱弥漫在整个病房中。

老师过完生日后，女儿西玉因假期已结束也将回香港工作。这天，阳光特别好，几无腊月的寒气。一大早，西玉来病房陪伴在老师的床边，久久地握着老师的手，西玉眼睛红了，无声的抽泣代替了言语。我的视线也随之模糊。"没事的，回香港后好好地工作，不要替我担心，这里有你母亲和小玉、潮潮、良丰他们照顾，你放心吧。"老师轻声地安慰着女儿。

"阿爹，你要多保重。"走出病房，西玉眼泪犹如泉涌……待我回到病房时，眼前的一幕，令我至今心酸：老师斜靠在窗边，老泪纵横，还在目送女儿的离去，阳光照着他老人家消瘦的脸庞和满头的银丝，谁会料到，这一别竟成永诀。我跟随老师身边十来年，这是见到老师的第二次流泪。第一次是

忆名家情晓寒

1981年春,我陪同老师游雁荡时,于瑞安飞云江畔的渡船上,老师见到阔别二十多年的外甥黄步扬时,老师流泪了,那是喜悦的热泪,而这一次却是生离死别的苦涩泪水。

当年的2月16日是除夕,一大早,我特地去买了一束梅花,插在老师的病房里,记得有一年春节到老师家拜年时,见到老师画桌边上的梅瓶插着一枝梅花,铁干繁花,傲然屹立,那经历严寒而透出的生机,立时感染着我。

老师对梅花有着特殊的感情,在那非常的年代里,老师偷偷地用草纸画了许许多多的梅花图,呼唤着人间正义的春天。我期望老师在新的日子里,能挺住病魔的折腾,让生命再焕发新的生机,健康而长寿。

病房里的梅花在此时此刻,更洋溢着不平凡的意味。老师很高兴,沉吟许久说:"往年除夕夜是要守岁作画的,今年是不可能了,写首诗吧。"说罢,缓缓地写下了——除夕良丰送来梅花作伴:"一岁将除一岁增,病房久卧一闲身。医院也得山林趣,插上梅花便过年"的诗句。

老师平素是个大忙人,然而因病,许多事情都无可奈何地搁置了,就连作画也无法如愿。一个画家无法作画,犹如一个作家无法进行写作一般,该是何等痛苦,"病房久卧一闲身"正是这种心境的肺腑之言。

老师平日生活简朴,对物质钱财看得很淡,就是住院时的饮食,也是粗茶淡饭,常常是腌些红萝卜、菜心佐餐;抽的烟是地产的友谊牌,并无过多的奢求。"插上梅花便过年"又是何等的淡泊。

老师身在病房,可心里却关心着学校、关心着美术事业。时值厦门美协筹备换届工作,老师事无巨细地反复琢磨考虑,并再三向前来探视的有关人士提出不再担任美协主席的请求:"我身体有病,不适宜再继续主持美协的工作,身在其位不谋其职,挂个名是要不得的,还是让年富力强的人来干更适合,我们老头子帮忙扶植,做个参谋是可以的。"

老师这种谦逊让贤、培养后人的高尚人格,在现今社会里,更显得可贵和伟大。老师担任美协主席七年间,所做的大量工作是有口皆碑的,为推动厦门美术事业乃至福建美术事业的发展起了很大的作用。老师总是对前来探望的高振武、李冰等询问厦门老年大学书画班的情况,从教学方式、方法到学员的学习热情,以及存在的问题等等,并提出建议。对于福建工艺美术学校的建设,老师更是排除其他原因而倾注更大的热情。病房里常常挤满了人,有来探望慰问的党政领导、学生,有来反映问题或求教的人,老师总是热情予接待。对于精心护理的医护人员,老师为了表达谢意,还特地从家中拿出两幅旧作,题上款送与他们。

有一次,潮潮担心探视的人多会影响老师的休息,便在病房门上写了"为了照顾病人休息,请勿探视,谢谢合作"的字条,老师知道后很生气,"来探视我们,是关心、爱护我们,怎能拒人于门外,太没有礼数(礼貌)了。"客人走时,老师也总是让我代为送至门口,其待人之道由此可见一斑。

2月24日,老师在病情稍有好转的情况下,便坚持出院了,虽然医院的叶君伟医师提出异议,但老师还是那句话:"不要花公家太多的钱,难为情啊!况且我现在身体状况还可以,还是住在家里的好。"

在老师住院三个多月的时间里,社会各界人士、第二医院的医护人员都给予了老师极大的爱心与关怀。南普陀方丈妙湛法师在老师住院初期,则请80多岁的中修老法师由本如法师作陪,天天从南普陀过海到医院为老师针灸、按摩,对老师的病情起了遏制缓解的作用。

老师最后的日子

老师住回鼓浪屿鸡山路后,每日还是旧有的生活习惯,早起看书,偶尔也作画,为前来求教的学生看画、改画。我回住学校后,师母承担全部的护理工作,我则几乎每天都至鸡山陪伴老师坐一坐。

老师平时很少听音乐,然而出院后直至去世的这段时间,则几乎天天听佛呗梵唱,听古琴曲,听柴可夫斯基的《暴风雨》《第六交响曲》。老师甚至向师母交代:"若不行,请为我穿上妙湛老法师送的罗汉鞋。"

我不懂得音乐,可谓乐盲,然而我却深深地感受到老师那种矛盾不平的心境,出世和入世的思想绞割着他。许多事情还需要老师去做、去抗争、去主持正义,然而有太多的原因使他力不从心,使他抱恨终身。

老师经常对我说:"如果能活到七十岁,多画点画到北京办个画展,向老师和同行汇报,这些年来没有白活就好了,同时对自己也有个交代。"然而天不假年,老师的这个愿望最终还是未能实现。

1988年4月中旬,老师的病情开始恶化。清明时节,天空总是那么灰蒙蒙的,令人窒息。老师从每餐一碗稀饭到只能饮少量流质食物,然而他依然躺在病床上,为前来的学生指点、讲评画作;依然令学生扶他起床,吃力地修改画作。因为他不愿意就此倒下,不愿意离开那张画桌。

四月三十日,老师还命我裁纸为友人题写匾额,还动笔画武夷山水,这是老师的绝笔。五月二日晚,老师已到了非常虚弱的状况,我守护在老师身边商议住院的事,老师艰难地对我说:"去找一下叶主任(叶君伟医师),办好明天住院的事情,你晚上不要再回来这里了,早点回去休息。"

这是老师最后对我说的话。在生命垂危的时候,老师想到的还是让我早点回去休息。我真后悔听从老师的话,而未能多倾听几句老师那熟悉的声音。

5月3日晨,我们用担架将老师送进了第二医院外科306病房1床。此时,老师已无法言语,他一直努力要告诉我什么,可言语模糊不清,我尽量想猜透,可老师总是摇摇头,眼神忧郁而失望。"先不要说,等身体好些再讲好吗?"然而老师却没有机会告诉我他想要说的!

5月4日,老师已处在弥留之际。当天下午,王仲谋老师等人到医院看望,老师还睁着眼睛,极其轻微地点头,病房里无任何声息,郁闷的气氛笼罩着每个人。虽然有生就有死,然而每个人都盼望老师能多活几年、多活几个月,哪怕多活几天也好。

病魔无情,虽然第二医院的医护人员采取了一切急救措施,但5时30分,老师已停止了呼吸,离我们而去。当我和群星、子智抬着老师那尚有余温的身体回鸡山草堂时,天空忽然飘起了小雨,上苍似乎为老师的仓促离去而哀悼。连日的倾盆大雨,使三千弟子分不清是泪水抑或雨水……

"我本雁塔一沙弥,浪迹人间几十年。地狱无门钻不进,青云有路懒朝天。朝朝海上拾贝壳,夜夜潮音扣心弦。为托归鸿西北去,慈恩塔上多盘旋。"老师在最后日子里的这首诗,久久回荡在我的脑海里,留下许多人生的疑问。

见琴如见人

老师的画室总是悬挂着一张清代古琴,古琴演奏家李禹贤老师每到厦门,都会到老师的住处,调琴、焚香、抚弦。琴声如诉,每遇这种机缘,老师都会事先约我前往一同听琴,但我从未见过老师亲自抚弦。

有一次,我壮着胆子问老师,老师笑笑说:"没有知音,抚什么琴哟。"我听了,心情郁郁,转念一想,若有知音在,此弦何须鸣!

后来,老师过世后,此琴由我珍藏并随我移居多处,每当有人问我时,我亦用老师的话回答,但同时会加上一句:"这是老师的遗物,见琴如见人。"

德艺双馨堪敬仰，师表风范泽后辈

  老师离我们而去了，他的人品、画品就像是一根根无声的琴弦，弹奏在无数人的心坎上，回响在我的无数个梦乡中。大音希声，老师的古琴陪我走过了36个春秋，回首往昔，琐事连篇，点滴成曲，在这寂静深夜，把酒浸笔夜不眠。

采访：叶子申

整理：叶子申

供图：林良丰

时间：2023年6月

地点：厦门黄金大厦辛缘书屋

1978年张晓寒先生作品《桃花江上美人多》

德艺双馨堪敬仰，师表风范泽后辈

1979年2月张晓寒先生为林良丰示范山水画法作品

✽ 曾连端

怀念与老师同吃同住的日子

我于1980年进入福建省工艺美术学校学习。刚入学的那几年,我都是懵懵懂懂的。那时张晓寒老师没有教我们,但我经常在学校见到他——有时候是在学校大型会议上,他上台讲话;有时候是他从住处走到教室的身影;还有时候是下课后他在学校走廊上与学生交流的画面……

我上三年级时,偶得机会,第一次听到张老师讲课,就被强烈吸引住了——他那渊博的知识、平易近人的作风、豁达的胸怀和博采众长、独树一帜的画风强烈吸引着我,使我追随他学艺的愿望与日俱增。我也总是听其他老师说起,晓寒老师不仅画画得好,为人也好,若能跟张老师学艺,那是很大的造化。后来经几位老师和同学指点,我终于鼓起勇气,带着作业去鸡山草堂老师家里求教。老师很慈祥很热情,详细了解了我的学习情况和家庭情况,并对我的四张作业进行点评,还提笔修改。此后,我就经常和廖毅林同学一起,带着作业到老师家,老师每次也都会不厌其烦地指导,对我们的要求"有求必应"。一直到第四年的选修课,我终于实现了自己的夙愿,跟随张老师开始我新的学习旅程。时隔多年,我经常和廖毅林同学回想起当年与老师的点点滴滴,都暗自庆幸,有时也调侃自己是张老师的"关门弟子"。

转眼间,老师已离我们远去,尽管时间过去几十年,可老师那和蔼可亲、循循善诱的音容笑貌经常浮现在我眼前。每当想起过去与老师同吃同住的日子,总会产生一种永远难忘的温馨以及深深的思念。

难忘早炒饭

我家住农村,在学校是一个地道的穷学生。为了我的学业,每学期初,全家人省吃俭用,变卖一切可卖的东西,甚至向他人借贷才能筹措到近百元钱,作为我一个学期的全部费用,几乎年年如此。即使加上学校评给我的最高助学金每月五元,还是远远不足。老师知道我的情况后,就把我接到他的学校宿舍,和他同吃同住,一直到毕业,让我度过了一名穷学生一生中最富足、最难忘的美好时光。

在我的深刻记忆里,让我最馋、最恋的当属那一碗早炒饭。在和老师同吃同住的日子里,每天早晨,师母都会备好两碗炒饭,满满一大碗,色香味俱全。当初我以为师母每天都能早早起来蒸饭炒饭,后来听老师介绍,才知道吃早炒饭是他的习惯,饭是师母前一天晚上就预备好的,早晨起来用开水浸泡开,再沥干后,和香菇、香肠、鸡蛋、虾肉、大蒜等热炒而成,金黄金黄的,香喷喷的,十分温润可口。

毕业后,我又有几次去鼓浪屿的老师家,师母也总忘不了给我来碗热乎乎、香喷喷的早炒饭。在我结束了学生生涯以后,工作中也经常吃到各种炒饭,总觉得没有老师家的早炒饭那样解馋,令人回味。我也曾按照老师的说法,让妻子做过几次,香气虽有,但饭的颜色和入口的温润感觉却差得很远很远。

在同吃同住的日子里,每天老师都比我早起,等我洗漱完后,老师已经备好了清茶。我喝着茶,陪着老师伫立窗前,欣赏校园的绿树红瓦,远处金黄色的沙滩,海面上薄薄的云雾,以及几只夜泊的小船,聆听老师对大自然的赞赏和吟咏。

1984年,晓寒先生带领学生赴闽西体验生活,于上杭苏家坡毛泽东旧居前合影

(左起:林金强、虞德健、廖毅林、林良丰、曾连端、张晓寒、张钟华)

老师住的是学校宿舍,学校距离老师家不远,我和老师喝完早茶后,常常绕到学校后门,经过沙滩、幽清小径,在晨风朝霞中漫步回家,一路聆听老师娓娓聊起自己对历史、对家国、对自然、对生活、对艺术的剖析和见解。

到了晚上,老师在卸下繁忙的工作之后,开始在房间里作画。创作之余,他常常会来几颗干品牛肉丁,再来几杯厦门丹凤高粱,之后便是诗如泉涌,作画后的题画诗,也常常是在这个时候形成的。

夜晚睡觉时,我与老师同睡一张凉席。夏天,老师轻摇着那把老棕榈扇子,细说他的教学真义,作画做人,以及他过去但并未远离记忆的故事。

凝聚信任的钥匙

人常说:"穷在闹市无人问,富在深山有远亲。"张老师却反其道而行之。在我当穷学生的艰难岁月里,他给了我最特殊的待遇和信任。

老师当时是福建省美协理事、福建省工艺美术学会常务理事、厦门市美协主席。除了教学工作外,他平时还要参加各种会议,虽然身体欠佳,教学工作繁忙,但他都会坚持参加各种学术、公益活动。每当他外出参加活动的时候,他总是把宿舍钥匙交给我,并特别嘱咐,他的文房用具我都可以用。如果笔墨、颜料、纸张、速写本等不够用,也要我自己去取。

他逗趣地说,这是放长线钓大鱼,日后学生们出了成绩,有了作为,他就沾光了。那一把小小的钥匙,凝聚着老师高尚的人品,闪烁他摒弃世俗观念的光芒,给我启迪和鼓舞。

第一次被责怪

跟随张老师上课期间,他除了课上循循善诱之外,也十分注重关心我们的身心健康。刚跟老师学习时,我们几位同学经常会因为刚开笔就感觉不好,随之就把宣纸揉了扔了。对此,老师及时提醒,对我们说:"这么做太浪费纸张笔墨了,尤其是你们的父母,不辞辛劳,辛辛苦苦供养你们读书,实在不易,不能轻易浪费。"同时,他也会提醒我们,即便开局不好,也并不意味着结果欠佳,一幅画不到最后无法再画再改,不要轻言放弃。再者,他还会强调,学画与做人一样,立意要高,格局要大,要顺势而为,要千方百计达到目的。

我们在画画过程当中,经常要甩笔。起初,把整个墙壁地板甩得一塌糊涂,老师对我们说:"这样的习惯不好,你们一定要养成良好的行为习惯,今后不管在哪里,都要树立优秀品德,养成良好的习惯。"

还有一件事也让我印象深刻。我将毕业那年的夏天,老师由于教学工作繁忙和课外时间学生求教多,没注意休息,又一次胃病发作(当时已是胃癌晚期)滚倒在地……可他还是靠着那几片"胃得乐"支撑。看着老师越来越苍白的脸和一天天虚弱的,身体大家劝他去看医生,可他还是淡淡一笑说:"老毛病了,没什么大不了的。"他不听劝告,仍然继续工作。

那天中午,老师很迟才入睡,正遇有外地客人来访,我在外房赶忙迎上去,请他务必安静,以免惊动老

1984年4月与张晓寒先生在武夷山

(左起:曾连端、张晓寒)

师休息,并说明原因,请他谅解,过后再来。那人久未与老师谋面,这次出差路过,专程来厦门拜见老师,并说还有急事,不能久留。我虽同情,也只能婉言谢绝,并表示一定转告。不久后,老师午睡醒来,我告诉他有人来访的事,没想到被老师责怪了。他说:"人家从大老远的地方来一趟不容易,又是大热天,即使不是远道而来,也不应该怠慢,这是为人起码道理?今后,不管是我认识的或者不认识的人,是来关心我的或者是来要我画的,都要很好地招待人家。"

这是我第一次背着老师拒绝来访客人,是第一次也是最后一次被老师责怪。当时我是有些委屈,但还是接受了,因为我深刻理解老师的为人。这件事对我触动很大,教育很深,在我离开学校的40年中,我时时记住老师的教诲,受益不浅。

遥远的关怀

1984年,我毕业前夕,老师一直为我的新工作岗位而奔波,联系了一些符合我学习专业的单位,但由于种种原因,我还是来到山区南靖县,分配在

· 143 ·

团县委工作。

新的岗位,工作性质与学校所学的知识相距较大,我一时难以适应,加上人生地不熟,思想一时拐不过弯来,时常会觉得心情郁闷,无法疏解。为此,在给老师的去信中,我也常常暴露出内心的不安,甚至有灰心的情绪。

对此,老师每信必复,并在信中给我做了许多思想工作。1984年中秋,老师特意从厦门寄来一幅《三友图》(图中三个人物,分别代表老师、廖毅林和我),既望我不要辜负厚望,同时也写相思之情。

老师的信让我慢慢安下心来,对工作也有了更多信心。在此后的日子里,我逐渐轻松起来,开朗起来,自信起来。老师还说,工作和作画一样,尽管常常开局认为不顺不好,其实不到最后,不能随性放弃,不能轻言失败。我秉持他的教诲,工作中往往获得惊喜的效果。

1985年春,老师又委托同学廖毅林专程来南靖看望我,还从邮电局捎来了封信,说明叫毅林来南靖之意。我读了非常感动,不觉眼泪掉了下来。老师当时身体已经很不如以前了,却还总是念叨着我。

此后不久,福建省美协理事会在平和县馆城饭店召开,老师提前起程,途中专程来南靖看我。那晚,我们仿佛又回到了学生时光,睡在同一张床上。我们谈了很多很多,他要我好好学习,好好工作。他说:"好男儿志在四方,这里山美水美,有许许多多创作的好素材,你可以继续创作出好作品。同时,你只要认认真真工作,实实在在做人,能为人民做些好事,在什么地方也是一样的。"没料到,这次与老师同吃同住竟是最后一次,以后再也没有这样的机会了。

如今老师的慈颜只能在梦中再现,然而他那语重心长的教诲和关怀备至的厚爱,将永远留在我的记忆里。我怀念我的老师,敬爱我的老师。他不仅是一名美校老师,更是一位德高望重的教育家,是我人生的导师。他忠诚于党的教育事业,教书育人,德艺双馨;他胸怀大局,慈悲为怀,敬爱存心;他松风莲质,厚德载物,桃李满园。我们今天再谈张老师,怀念张老师,有着深层次的现实意义、深刻的内涵和外延。

采访:叶子申
整理:叶子申
供图:曾连端
时间:2023年7月
地点:微信及电话访谈

怀念与老师同吃同住的日子

1984年张晓寒作品《三友图》（曾连端藏）

✽ 廖毅林

晓寒老师是我的艺术领路人

我第一次见到张晓寒老师是在1980年,当时我刚刚考入福建工艺美术学校。在学校组织的新生欢迎会上,张老师作为教师代表站在台上发言。虽然当时我并不认识他,但觉得他气质不凡,很有风度,令人印象深刻。

我学的专业是绘画,但从一年级到三年级,张老师都没有教过我。不过,我很早就从学长那里听闻他的学识和才华,对他很是仰慕。一直到1983年底,我进入第四学年的选修课程,终于实现了自己的夙愿,有幸跟随张老师学习。

从那之后,我找到了艺术生涯的领路人,他像父亲那般教导我、关心我,使我终生无法忘怀。

活泼生动的教学方式

犹记得第一次跟张老师上课,他把我们小组的4位学生带到教室外的树下,跟我们聊天。他当时说:"你们跟张老师学画,如果只是学习技巧,稍加用心,两三年就能超过老师了。但是艺术创作的功夫在画外,一定要多读书——除了画论、画史等,还要多读诗词,多学传统文化,这些都需要努力坚持的。"

在之后的教学过程中,张老师指导我们如何写生,如何将现实场景转换到平面上来。他也一直强调,画画一定要感性,要注重诗意的表达,也要用"拟人化"的表现。"比如画石头、画山,要像老僧坐禅,要沉稳;画树木,要像画人,可以扶老携幼,也可以手舞足蹈,动起来。"他的教学方式比较生动,使得我们很快就能领悟。

晓寒老师是我的艺术领路人

1986年12月与晓寒先生、王仲谋先生在万石植物园

（左起：王仲谋、张晓寒、廖毅林）

1986年12月，厦门画院成立于万石植物园松杉园，与晓寒先生等人合影

（左起：廖毅林、张晓寒、林生、王仲谋、张人希）

张老师崇尚的艺术创作一定要讲究"意"——除了描绘场景外，更重要的是抒发创作者的情感。他带我们出去写生时，也往往都是寥寥几笔，就能表达内心的思绪。他上课时，有时候不会专门讲怎么画，而是谈论许多关于传统文化的知识，教大家如何去鉴赏和点评名家作品，如潘天寿、黄宾虹等的作品。他的教学方式深入浅出，引经据典，让我们受益匪浅。

张老师也很重视画作的题款。有一次，他画完画，将其挂在墙上，叫我们几个学生来点评。他先是问我们："如果你是作者，你会怎么题款？"我们就各自回答。如果回答对了，他就会表扬。如果回答错了，他就会马上指出来，然后分析原因。在张老师看来，中国画的题款是作品的组成部分，要讲究整体协调，不能破坏整体的画面和构图。

忆名家话晓寒

为学生补贴学杂费

除了上课,我们私下和张老师的关系也很亲密。如今即便时隔多年,每次一想到张老师和我们相处的过程,总是让我忍不住湿了眼眶。

读书期间,张老师经常会让我们晚上去他在学校里的宿舍(被我们称为画室),看他作画。他平时教务工作比较忙,都是晚上才有时间画画。他会一边画,一边讲,让我们很受益。有时候,画到半夜12点,学生宿舍都熄灯了,张老师担心我们返回宿舍会打搅到其他同学,于是就留我们在画室过夜。他把那间小卧室留给我们睡,自己则睡在画桌旁边的一张小床上。到了第二天一早,他来叫醒我们参加早操,并且早早地为我们准备好了牛奶、饼干等早餐。在那个年代,奶粉、咖啡都是珍贵的东西,不容易买到的。

我家当时住在鼓浪屿上,家庭条件一般,在校的开销除了学杂费外,学美术所需的纸张、颜料、笔墨等消耗也比较大。当时张老师每个月都会从自己的工资里拿出两三元给我,三五元给曾连端同学,用于补贴我们的学杂费。要知道,他当时一个月的工资才50多元,而且全部交给师母,补贴我们的钱,是他发表在报刊上那微薄的稿酬。另外,他也总是把学校画室的钥匙交给我们,并特别嘱咐他的文房用具我都可以用,笔墨、颜料、纸张、速写本等不够用,我自己都可以去取。

在印象中,张老师很少对我们发脾气,更少责备我们。只有一次,是在张老师的画室。那天中午,他画完之后进去午睡。我们几个学生在一旁看书,这时恰好遇到一位张老师的朋友登门拜访。我们为了不惊动正在午睡的老师,就私自替他挡驾,说张老师正在午睡,请他留下姓名。后来,等到张老师醒过来,我们把这事告诉他,没想到他却生气了。他说:"人家大老远来一趟不容易,又是大热天,即使不是远道而来,也不应该怠慢,这是为人起码的道理。"虽然被责备,但我深刻理解张老师的为人,从此也铭记他的待人接物之道。

写生时与学生同吃同住

快毕业那年,根据学校的安排,我们有较长时间外出写生。我们跟着张老师从厦门出发,到龙岩,经过长汀,最后抵达武夷山,历时一个多月。那段

晓寒老师是我的艺术领路人

1984年于南平溪源庵写生合影

（后排右起：廖毅林、曾连端、张晓寒）

时间，老师一路与我们同吃同住，从未特殊。

老师的桃李满天下，每到一处都有他的学生，也有许多好友、同行。彼此间难得见一面，第一个心愿当然是请老师吃顿便饭，偶尔前往，他总要把我们一同带去。我们一行每到一个地方，张老师都应邀讲课，举办画展和现场示范，虽然十分辛苦，却从未收取分文报酬，如遇再三推辞不过的，他就说，跟他出来写生的几个同学，家庭经济条件都较差，而学校规定，外出写生的同学每天只能报销五角钱的住宿费和补贴五角钱的伙食费，可能的话，与招待所的负责人商量一下，对我们这些穷学生少收点住宿费和伙食费，也就感激万分了。外出写生一个多月，我们几位同学最后一结账，住宿费平均每天还不足五角钱，伙食费也少之又少。领回补贴垫上后，自己的钱几乎分文未花，而张老师随身带去的钱却为我们花光了。这些事是我们过后才知道的。据林良丰说，当年他和张老师一起去太姥山、雁荡山、武夷山等地写生，七十多天里也是如此。

写生期间恰好是春季，细雨绵绵，山上潮湿。张老师没有留在旅馆，而是带着我们一起上山，一笔一画，悉心指导我们，经常淋得湿湿的才回来。

有时候，我们要蹚趟水过溪，需踩着石墩，一步步，慢慢走过去。张老师就让我们扶着他，小心翼翼地走。后来，我听林良丰说，张老师有深度近视，平时很怕踩石墩，怕踩不准会掉下去。但当时张老师什么都没说。

写生期间，还有一幕让我至今印象深刻。我们抵达宁化时，一个外号叫"坦克"的人，到长途汽车站来接我们。他一看到张老师就泪流满面，连声说"对不起"，还要给张老师下跪，被张老师连忙扶起。原来，他是我们的校友，之前在"特殊时期"曾是"造反派"，批斗过张老师。但张老师对此不记仇，仍与他热情交往。

带着学生找工作

1984年我毕业前夕，要去找接收单位。那段时间，张老师一直为我忙前忙后，牵线搭桥。

我当时很想到文化系统的单位上班，他就带着我去找厦门文化宫、厦门书画社、厦门群艺馆等负责人，一一推荐。但当时相关单位刚好没有增加人员编制的需求，最后我只得去了一家广告公司，改行做平面设计。但我心里一直感恩张老师的那份爱生如子的情怀。

毕业时，老师送了我一块墨条、一支毛笔。他希望我在今后的日子里，不管工作多忙，都要一直坚持画画。当时我很想向张老师"讨要"一件毕业礼物，又不好意思开口要画，于是踌躇了几天，终于跟他说，请他帮忙赐一个书斋名。

张老师听后很爽快地答应了。几天后，我去找张老师，没料到他已经写好了，名叫"枕涛书屋"，特别雅致。过了几天，张老师又拿去装裱好，才送给我。

毕业之后，我依然想着能时时与老师在一起，一有空就往老师宿舍跑，这已经形成一种习惯。不过，毕业后，因为忙着全新的设计工作，又遇到各类人事关系，难免会受到挫折，也就很少再提笔画画。老师还是不断鼓励我要坚持画，虽然从事的是广告设计工作，但与中国画创作的原理是相通的，可以相互借鉴，不要荒废了在校学习的基础。

他也很关心我的生活，经常会开玩笑地问我："找女朋友了吗？"所以当我和女朋友一确定对象关系，就第一时间带去给张老师看。他看到后很欣慰，叫我女朋友坐到他身边去，夸她"很漂亮"。

张老师每年都会过生日，并会叫上学生、好朋友、邻居一起围桌吃饭。我和林生、林良丰老师等人都经常一起过去参加，师母总是准备好满桌的菜，我们一起吃饭，喝酒，聊天，很开心。一直到后来，张老师过世后，每逢他的"生日祭",我和良丰老师等人都会一起去给他上香。

和老师一起守岁

如今回忆起和张老师在一起的日子,还有一个场景让我记忆深刻,那便是"守岁"。那是1985年2月,甲子除夕那天,工作单位已开始放过年假。中午过后,我又来到老师在学校的画室。当时老师刚午睡起床,我们俩沏着茶,聊着天,老师又缓步走向画桌,铺纸凝思,待到胸有丘壑,才动笔落墨,我又一次站在老师身边看老师画画,心里美滋滋的。

美好的时光总是过得飞快,一个下午转眼就过去了。当远处的贺岁爆竹声零星响起时,充满诗意的闽南山境已从老师的笔端跃然纸上。我将这幅墨色淋漓的作品挂到了墙上,老师又像以前我们上课时那样,燃起一根烟卷,一边审视着画面,一边问我,这幅作品落款应在何处,我说了我的看法,老师点点头表示赞同,并说创作时就要认真想好落款的位置并经营好落款的形式,使画、款、印在作品中融为一体,从而提高作品的美感。待墨色略干,老师取下画作,提笔在作品的左上角写下"岭南春雨竹鸡啼",画面顿时生机涌动,产生了一种深远的感觉,仿佛能听到山中的竹鸡在烟雨中吟唱。

这时周边邻居吃年夜饭的鞭炮声已骤然响起,我和老师离开宿舍,沿着康泰路,在相思树多姿的身影下,向着鸡山草堂走去。

晚饭后,大街小巷爆竹声声,我又迫不及待地跑回老师宿舍。一进门,屋内已点起了红烛,师母正张罗着年糕、水果和糖。此时年味浓浓,温馨自在。

老师告诉我,今晚要12点钟过后才能睡觉。我一脸茫然,老师看出我不知所以,就接着说:"今天是除夕,大年夜要高高兴兴、有吃有喝,诚心实意地亲自送别旧岁,迎接新年,祈求来年平安顺利,有的通宵不眠,有的过了凌晨才睡,俗称守岁。"这是中国的民间风俗,也是一种传统文化。就这样,我第一次认识了"守岁"。那晚,我与老师吃糖聊天,无所不谈,回味无穷。

回想追随老师的那几年,老师就是这样在有意无意间,教导了我们许多文化知识。他从绘画技法到诗词画论,从为人做事到传统文化,从学业精神到金钱物质,都给予我们这些学生太多、太多。

每当想起这些愉悦的往事和未来得及报答老师,而老师已离我们西去时,我的心总是揪得紧紧的,泪花不听话地在眼眶里打转,总想老师现在还能与我们一起谈笑该多好。

采访:叶子申

整理:叶子申

供图:廖毅林

时间:2023年7月6日

地点:厦门黄金大厦辛缘书屋

张晓寒先生年谱

1923 年癸亥,1 岁

1月21日,壬戌年十二月初四日,先生出生于江苏省靖江县东区六助乡万尊埭祖居地。家中有祖父母、伯婶多人,拥有土地近卅亩,由于家道衰落,在父亲张益三手上时,田产已大部分典押在外。

名云松,笔名晓寒,曾用名宝才。先生出世未满三个月时,父亲张益三便因病去世,自幼跟随母亲孟氏及胞姐秀芝在靖江县城东门口(今靖江县环城路六号)开小饭店营生。

1926 年丙寅,4 岁

母亲孟氏与裴士忠结合,于靖江城东门口兼营"新顺兴"客栈。生活日见宽裕后,即将乡中原来典押出去的田地,陆续地赎了回来,同时还在长江边上买了十亩的芦滩地。继父裴士忠,江苏省宝应人,原是北伐时流落在靖江的一个旧军人,抗日战争初期任靖江公安局的督察员。靖江沦陷后,一度同母亲避居乡间,后搬到泰县姜堰镇坝口市,仍开新顺兴旅馆。裴士忠后来参加了当时李明扬的长江挺进军部,被委为独立十一旅旅长,在泰州活动期间被日寇俘虏,长期关押在南京老虎桥俘虏营,日寇投降前遇害。继父裴士忠被俘后,姜堰的旅馆也一度被汉奸霸占,直到抗战将近结束时才收回。

1930 年庚午,8 岁

就读于靖江县女子学校。由于母亲孟氏四十岁才生先生,故自小体弱多病,依民俗,颈上佩戴银制长命锁,至上学时,方取下。

醉心于无锡惠山泥人,常课余时间在自家门口摆弄、捏制泥人。

1932年壬申,10岁

胞姐张秀芝与黄云山结婚。其时黄云山于靖江县政府任职。结婚后,黄云山即投入中国国民党军队工作。

1934年甲戌,12岁

转学靖江县实验小学(今靖江市外国语学校)。

1937年丁丑,15岁

9月,考入靖江县立中学(今靖江市第一中学)。

11月24日,由于日军兵临家乡,随同胞姐离开靖江,逆长江而上,抵武昌,沦落在武昌粮运街四十四号。

1938年戊寅,16岁

1月,在武昌遇到跟随部队从前线后撤调向西安的黄云山。这时黄云山已任营长,先生遂同胞姐随军离武昌往西安。

春季,校址位于陕西南部安康县的陕西中学在西安设点,专门收容从战区来的流亡学生。先生报名后于3月中旬离开西安,穿草鞋,爬秦岭,越巴山,从西安走到安康就学。

是年,胞姐秀芝不幸病故。

1939年己卯,17岁

就读陕西中学初八班。与战区流亡学生唐献瑞等人在学习之余一起学画画、搞漫画、木刻,进行抗日救亡宣传。当时全国抗日救亡运动高涨,先生与唐献瑞、卜忠汉、李婉等人发起并成立了"始创画社"。画社成立后,得到了师生的广泛赞同和支持,起到了一定的积极作用。先生从事艺术的志向亦由此奠定。

1939年始创画社成员合影。
(左起:张晓寒、唐献瑞、卜忠汉、阮福林)

11月，由于陕南闹灾荒，学校被迫迁移至四川省阆中，改名国立第四中学。参加了战区学生救亡宣传队，在由安康至阆中的徒步迁移中，沿途进行漫画、木刻、剧团演出等一系列救亡活动。1976年秋所作剑阁图题款有："忆昔西行万里余，长亭夜夜梦归吴。如今历尽风波恶，飞栈连云是坦途。八年抗战，昔日游踪，把读放翁此两诗，剑门关如印眼前。"

1940年庚辰，18岁

就读国立四中初八班。

11月，闻国立艺术专科学校在四川成都、重庆分别招生，便同唐献瑞、卜忠汉、李婉几个同学离开四中，顺嘉陵江，徒步往重庆报考。由于初中尚未毕业，又求学心切，便借了高十一班同学张宝才的初中毕业证书进行报考。因为是战区流亡来的穷学生，受到了潘天寿先生（其时为国立艺专教务主任，兼任国画课）的热情接待，被安排在青木关战区学生预备班学习。由四川经云贵高原抵昆明，参与艺专搬迁四川事。

张晓寒就读国立四中期间，与始创画社同侪合影

（前排左起：唐献瑞、李婉；后排左起：张晓寒、卜忠汉）

1941年辛巳，19岁

2月，经潘天寿先生主考，与唐献瑞、卜忠汉、李婉一起正式进入位于四川璧山的国立艺术专科学校国画系学习，接受艺术教育。当时的国立艺术专科学校是由杭州艺专与北平艺专合并组成的，集中了当时美术界的一批精英，吕凤子任校长，李可染、陈之佛等著名美术教育家、画家都执教于此。吕凤子、潘天寿先生的艺术思想与画风深深影响着先生，对先生以后形成的以线为主、删繁就简的艺术风格奠定了基础。当时先生在致力工笔人物画的同时，亦旁及山水、花鸟的创作。研读了大量的古

1941年晓寒先生于国立艺专

典文学作品，尤喜杜甫、陆游、辛弃疾那深沉朴素忧国忧民的诗风。学习之余亦学作诗词。

学名张宝才，取笔名张晓寒。艺专搬至青木关松林岗。

4月，唐献瑞因家境困难休学，前往宜宾工作。

1942年壬午，20岁

春，收到唐献瑞自宜宾寄来的衣服，以诗当信回复唐献瑞："寄献瑞兄，诗以当信，报收到衣服，时在壬午初春。音书久已沉金沙，烟迷五津断三巴。往昔嘉陵浪多怨，至今创设泪空嗟。汉滨秋色新城月，阆苑风光锦屏霞。天上宫接金堂寺，新桥路隔陈三家。渝市束腹长恐饿，壁山一病衣尽加。西楼钟声心尤痛，松林惟问晚来鸦。只为达志总长乐，岂防反别两处哭？早知一别成茫然，此生何薄廿执福？苍生忍负少年志，世事欲毕吾辈死！君不见人间凄凉甚，遍地崎岖皆荆棘。吾有破家归未得，兄苦几堂累身则。忠汗腔忧难外诉，别后福林音信隔。四友零星何哀哉，能悔海内立盟日！独佩吾兄最努力，不才自愧惰性积。弱体多虑遍重思，苦步画室懒托笔。重翻去岁旧信中，新来几度又春风。过年有钱能估酒，却怕远处为吾愁。山雨滴梦何依稀，冷风还寄故人衣。年年客里难温暖，同伴更苦莫相怜。天涯只须常健全，寸心啼血不成诗。抱头痛哭有来时，暂耐痛苦弟兄在。且收泪涕卜佳期，婚姻乃关终身事。窘迫生涯万不宜！寄语叙州峨眉在，千里遥遥共勉之！云松于古楼深夜，阳历2月27日。"

于国立艺术专科学校学习，得以临摹吕凤子、潘天寿、傅抱石、陈之佛、李可染诸先生的画，作品经常参加重庆的各种美展，及校内学生作品展览，其艺术才华在学生中已崭露头角。在一次学生画展中，认识同年段的杨夏林，与段文杰、谢家声、何凤仪等人同学。

8月，因生活极端困难，由一国画教师介绍，在坐落艺专附近的宪兵子弟小学兼任老师，上一学期的美术课，以维持生计和学习所必需品。

经常请教于吕凤子、潘天寿、常任侠诸位师长，亦随同李婉出入其哥哥李可染家，与李可染过从甚密。

1943年癸未，21岁

2月，国立艺专由青木关松林岗迁至沙坪坝盘溪。陈之佛任校长，由于学校屡次搬迁，人员变换甚大，教学等各方面也较为混乱，同时也因为生活的经济来源问题,遂萌发休学往西北旅行写生,到大自然中学习的想法。

由于决计离开艺专,为了旅途的方便及得到迁出重庆的通行证。秋,经同学段文杰介绍,加入中国国民党三青团。

作《峡江图》(寿崇德收藏)。

12月,离开国立艺专。

1944年甲申,22岁

1月初,先生离开重庆,取道三台、剑阁、广元入陕,经汉中、宝鸡抵达西安,寓居姐夫黄云山家。时陕西省文物展览会在西安碑林举办,先生前往参观并临《竹林七贤图》石刻拓本,结识寿崇德。与寿崇德往来频繁,并向其介绍重庆画家的情况及各派风格特点,

1944年,晓寒先生与唐献瑞、卜忠汉在重庆
(左起第二人为张晓寒)

1944年,晓寒先生任教于陕西省立户县师范学校
(站立者左起第三人为张晓寒)

作画示范并修改其作品。（据寿崇德所著《永久的记忆、沉痛的哀悼》一文）于西安寻找工作兼卖画，准备上敦煌。

经中学同学黄祖俴介绍，认识赵望云先生。

2月中旬，经赵望云先生介绍，赴终南山麓户县化羊庙的陕西省立户县师范学校执教，兼任劳作美术专修科主任。校长冯幼农，教务主任李文澜。

8月，因病于西安住进医院，邻近的私立中华艺专校长李丁陇常前往探望并为先生付了住院费。

9月，应聘为中华艺专教授兼教务主任。学校在校生三四十人，教师一般以兼课形式任职。开学后，校长李丁陇借名至各地旅行画展，为学校筹集经费而一去不返。先生维持学校工作一学期后，于1945年1月宣告学校停办。

1945年乙酉，23岁

于西安德福巷租一间小屋栖身。靠卖画维持生计。

春节于西安民众教育馆举办张晓寒画展，冯玉祥将军、吕凤子校长于其所作《十八罗汉图》上题咏（据寿崇德回忆信）。后画展移至甘肃省兰州展出，作品有现代人物画《长安雪》等图（据浙江桐乡刘雪樵信）。画展深得美术界的好评，结识刘雪樵。

由兰州上敦煌。

时西安大雁塔慈恩寺方丈寂光（能昇）和尚常找先生学画，交往频繁。鉴于时局不稳，谋事艰难，遂萌发出家念头。

2月8日，农历乙酉正月十五日元宵节后，于西安南郊大雁塔下慈恩寺削发为僧。从寂光方丈研习佛经，事佛之余亦作画不辍，常于大雁塔上诵："年年清明陌上哭，春风吹湿破袈裟。"韦江凡常至寺中探视。

8月，中国人民抗战胜利，日本帝国主义无条件投降。

12月，离开慈恩寺，做南归计，并作无题诗一首："原子一震天皇怯，倭奴纷纷因解甲。三江父老盼儿归，落落旌旗几人回。盼得亲人合家喜，不见白骨有人悲。八年离乱返故里，两袖清风何足奇。汉奸大员互为伍，摇身一变更狼虎。书生行素多自爱，能守清贫能吃苦。东篱园门西篱菊，《满江红》词歌一曲。清贫寒苦无所求，松梅竹菊度春秋。"（据黄步扬回忆信）先生疾恶如仇，爱国进步的心迹由此可证。

1946年丙戌,24岁

是年,姐夫黄云山于西安任国民党少将司令员,但先生却始终自食其力。

1月10日,经过九年的流离失所后,始得南归。黄云山托先生将其子黄步扬携带回靖江。返靖后,住屋已为战火所毁,继父裴士忠也于南京老虎桥监狱为日寇所害,母亲则流落在离靖江60公里地的苏北姜堰开小客栈谋生。由于交通封锁,未能前往,便先后住在于靖江西门菜市开鱼行的管相桓家和杜骥愚家。(按:管相桓的大夫人与先生的母亲孟氏为结拜姐妹,先生尊称管为姨父。杜骥愚的母亲乃先生的谊娘,先生与杜兄弟相称)

8月,农历七月初六日,由亲友介绍,与小学同学王振棠(后改名王秀珍)结婚。

王振棠出生于1924年,农历甲子年三月十五日,年龄较先生小一岁。家住城郊西玉路三号。岳父王天中于靖江西门开"仁源生"国药店,生有四男三女,王振棠在姐妹中排行老大。先生结婚后,即带外甥黄步扬搬住岳父家,有了暂时习画的环境。

中秋节前,读《晋唐二大画家》《元季四大画家》《清初六大画家》三书后,作古代名画家造像十二帧(顾恺之、王维、黄公望、王蒙、倪瓒、吴镇、王时敏、王鉴、王石谷、王原祁、吴历、恽南田)。

10月,绕道江南,经镇江、扬州、泰州往姜堰。于镇江时,特赴丹阳正则艺专看望寿崇德,并以所作《骥江集》册页一套相赠。于正则艺专时,同寿崇德一起拜见了原国立艺专老校长吕凤子先生,受到了凤先生的勉励。凤先生为之篆"晓寒"、"张"二方印。临别时,作《曲阿访崇德弟》册页一帧,"画江南桥头,兄弟二人话别状,笔墨简淡,耐人寻味"。(按:据寿崇德先生《永久的记忆,沉痛的哀悼》一文)于丹阳逗留一个来月。

黄云山调往河南,任国民党军中将副军长。

1947年丁亥,25岁

1月,到达姜堰坝口镇,看望久别的母亲,大有劫后余生之感。报户口时,根据继父姓,名裴云松。(先生的活动,均以张云松姓名)

母亲沿用在靖江的店号,开"新顺兴"客栈,继父生前的门徒郑文卿、陈伯楼于店里帮工。

2月,回住靖江西玉路。由于家庭负担,渐感到失业的威胁,决计往上海、南京谋求工作。

4月,赴上海、丹阳、南京等处谋求工作,于丹阳同寿崇德一起拜会了老校长凤先生。于南京时,恰逢黄云山等人发起成立中华生产事业互助会,遂将先生名字列入其中。中旬由南京返姜堰。

8月,为了避抽壮丁,同内兄王森荣取道上海、温州、瑞安到礐口找黄云山。黄云山得知此事后,便开了一张浙江文成区少校指导员的派令让先生回家以避兵祸。

10月,农历八月二十九日,夫人王秀珍分娩一女,取名张西玉。

中华人民共和国成立前张晓寒先生与母亲在江苏靖江老家

(后排左起为黄步扬、张晓寒夫人、张晓寒)

冬季,经常往返姜堰、靖江。

1948年戊子,26岁

在姜堰过年后,于3月上旬同夫人、女儿回住靖江。

春,寄所画女儿西玉像与丹阳寿崇德(据寿崇德先生文称,画的背景为梅花,极潇洒雅逸)。

3月,与卜忠汉赴杭州参加国立艺专20周年校庆并游西湖。作《湖上留赠老卜兼怀唐兄》诗:

湖上留赠老卜兼怀唐兄,用王古萧韵,卅七年春。

吴山何处好,烽火忆南朝。春来两堤柳,寂寞总千条。
长歌怀苏白,平波荡六桥。还将吴宫影,留撑美人腰。
村姑好点缀,佛国忙香烧。可怜天意尽,灵隐半壁蕉。
花港观自在,温泉探薰曹。终日为人玩,终日亦无聊。
鄂王虽伟伟,难免后人嘲。南方有烈女,秋风伴寂寥。
孤岭梅已落,里湖春未凋。不见林处士,空仰鹤声高。
游客曾是吾,日暮恨徒劳。欲寻雷峰迹,南屏晚钟敲。
却慕西印社,往来皆俊豪。但悲蜀江水,壮志犹未消。

能借莫干剑,当令保俶摇。临安天下士,谁识吾心焦。
天才终成梦,湖水会枯槁。慨然登母校,出门首自搔。
干戈何时息,此身常飘飘。唯含两行泪,怆忙过断桥。
牵情有三潭,平水似同胞。永共婵娟醉,海内结素交。
惆怅天竺道,峨嵋路迢迢。期君早归来,东南望朝朝。
湖上春水绿,湖上人逍遥。何当称吾心,畅饮钱塘潮。

秋,有山水画寄浙江刘雪樵。款题:"戊子深秋,雪樵仁弟一笑藏之,画人迹板桥霜诗意,晓寒。"钤朱文"云松"小方印,白文"如此江山"压角章。

作《群仙合庆图》工笔人物画立轴。款题:"为西玉儿周岁之喜贺,群仙合庆图。晓寒并志于骥江精舍,时在秋月二十九日。"

1949年己丑,27岁

1月初,在岳父家与强行占房的国民党兵发生争执,为了防不测,连夜过江避居南京。由同学黄祖侯出面,于南京东郊东流镇租得一间小屋暂居。与黄祖侯一起拜谒中山陵。

4月24日南京解放。

5月初,向陈恭答医生借了盘缠,离南京回到家乡靖江。中旬同夫人、女儿回姜堰。下旬,农历四月初十日,夫人分娩,生一子,名张群星,乳名小玉。

回姜堰后,于文教馆协助徐明勤为工人剧团排戏、演出及美术展览等宣传新中国、新社会的活动。

1950年庚寅,28岁

暑期,接黄云山自北京来信,言其新中国成立前夕已在杭州率部起义,投身革命。现于北京革命大学学习,要其儿子黄步扬到北京读书。黄步扬赴京后,遇原姜堰中学校长陆景宜,当时陆景宜正在帮助筹备政协全国委员会秘书处文化俱乐部的开幕工作,由于急需一名美工,经黄云山向史良部长推荐后,9月份,先生即接到俱乐部汇来的旅费。

9月底,先生以愉快的心情赴北京南河沿二十五号——政协全国委员会秘书处文化俱乐部所在地参加了工作,任文娱干事。当时政协全国委员会秘书处处长是徐冰,史良部长任文化俱乐部管理委员会主任委员,史公载任总干事,管理委员会下设文娱、总务两科。该俱乐部是专供中央各民主党派领导人士会谈、休息和文娱活动的地方。初到时,即从事该俱乐部的开幕准备工作,负责环境布置、美工设计等事。

1952年壬辰,30岁

北京乃全国政治、经济、文化的中心,人才荟萃,画家云集。于北京工作期间,经常参加各种美术活动,同时也得以观赏当代画坛各艺术流派的代表作品,拓宽了眼界,丰富了学识,赋传统笔墨予新的内涵。这段时间对先生以后艺术风格的形成,起到了一定的积极作用。

1952年秋,杨夏林赴北京时,同学聚会留影
(左起:罗婉仪、张晓寒、杨夏林、傅天仇、司徒杰)

秋季,杨夏林赴北京开会。在同学司徒杰、罗婉仪夫妇家与杨夏林相遇,得知杨夏林在福建厦门创办美术学校,师资缺乏,遂主动提出到该校任教一事。

母亲孟氏闲歇姜堰的"新顺兴"旅馆,搬回靖江居住。

1953年癸巳,31岁

4月,农历三月十六日,夫人分娩一子,名张潮。

6月,接厦门鹭潮美术学校的聘书,经组织同意后,于下旬抵达厦门,开始了长达三十几年的教涯。其时美术学校校址在福建省厦门市鼓浪屿八卦楼,许霏任校长,杨夏林任副校长。

1953年,晓寒先生南来厦门鹭潮美术学校执教,摄于八卦楼校园

来厦门后住鼓浪屿八卦楼,其时八卦楼满目疮痍,形同废墟,教学设施简陋,生活极其艰苦。先生毫无怨言,与学生同食宿,将全部的精力投入学

校的建设与教学中。

常与杨夏林、李其铮等人登门拜访林采之、罗丹等厦门知名人士及商界人士,为学校筹集办学经费。杨胜向先生学画。年底,同杨胜赴石狮。

1954年甲午,32岁

到厦门港打石工地体验生活,创作《采石图》参加省市美展。

2月8日,加入福建省工会联合会。

上半年,同杨胜赴石狮、泉州,游安平桥、洛阳桥。

1955年鹭潮美术学校第一届毕业同学暨老师留影

1955年乙未,33岁

农业合作化高潮,厦门文联组织美术人员至禾山前沿阵地体验生活,为期一周。同行有许霏、马力、郑光耀、李其铮、杨胜、陈志宏、王仲谋、洪子述、龚鼎铭等人。归来后创作《春到前沿》《夜哨》参加华东地区美展、全国美展。

秋,为了适应社会需要,先生首先倡导把学校转向工艺美术并试办工艺美术班,从在学学生中挑选少数人转修工艺。先生第一个担任工艺美术课程。教学以美术为基础,以民间工艺为专业内容,建立实习工场,教学和实践相结合,颇有成效。为1958年厦门工艺美术学校的建立和厦门工艺美生产的恢复及发展打下了基础,起到了决定性的作用。

经张人希介绍加入农工民主党,与顾一尘、石延陵、陈绿声、叶近勇为一个支部。陈绿声为组长,先生为副组长。

被评为厦门市教育系统先进工作者。

1956年丙申,34岁

去永春、德化。

对资改造,学校经费来源被切断,师生劳动建校奋发办学。正式建立工艺美术实习工场,开展工艺美术创作。在挖掘民族民间传统工艺的同时,研制和发展新的工艺品种,如厦门的竹编、木偶头、泥偶头、彩塑、瓷塑、木雕、漆画、刻纸、刺绣等工艺就是由此发展起来的。

邱祥锐为工艺美术班正式学生,同先生一起从事工艺制作,并向先生学画。

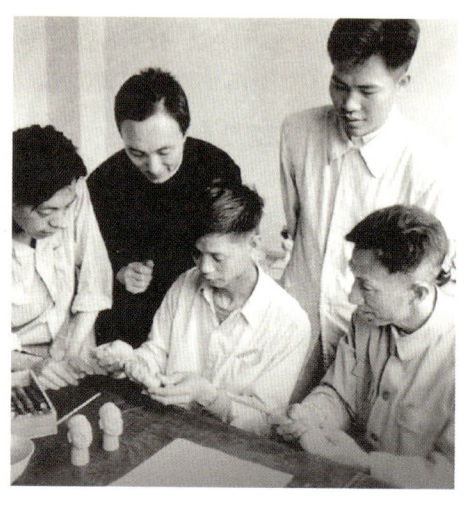

1956年,晓寒先生指导学生制作木偶头
(左起第二人为张晓寒)

冬,作"待渡乌龙江"横批。

11月,参加福建省民间美术工艺第一届老艺人代表会议。

1957年丁酉,35岁

1月,出席厦门市先进教育工作者代表大会。

春,中央美术学院罗铭教授来厦写生,与他会晤。

春夏间,整风反右运动展开,与杨夏林就学校建设与工作提意见。后杨夏林被错划为"右派分子"。

7月29日,动身回靖江老家接妻子王秀珍、女儿张西玉、儿子张潮回厦门。居住鼓浪屿鸡山路十号。

作《鸦鹊声叽叽,使君犹未起》。

1958年戊戌,36岁

"大跃进"开始,学校发展迅速。

6月,鹭潮美术学校由厦门文化局收归公立,增设音舞科和戏剧科,改名厦门艺术学校。校址设在鼓浪屿安海路三十六号。

8月,经福建省人委批准,厦门工艺美术学校成立。校址在鼓浪屿汇丰(厦门艺术学校同时存在)。先生仍于工艺美术实习工场从事工艺美术教学、制作、研制工作。

1957年,晓寒先生出席厦门市先进教育工作者与农工民主党代表合影

(二排左起第二人为张晓寒)

鹰厦铁路通车,先生作《海堤》图为之讴歌并题诗:"春风长堤笑颜开,盼得乌龙渡海来。入闽繁华汇鹭岛,笛声悠扬震金台。"(此作品参加省市美展并发表于《热风》杂志)

1959年己亥,37岁

上半年,为驻厦集团军测量部队和卫生部队制作两批军用展览模型,赴京参加新中国成立10周年庆典展览。

5月,鹭潮美术学校建校7周年庆典,举办工艺美术展览,增进社会对工艺美术的了解和支持,扩大了学校的影响。

夏,组织制作的工艺美术品漆线雕《郑成功收复台湾》、戏剧用具《龙凤万寿灯》等作品参加"国庆10周年全国工艺美术作品展"。与顾一尘、石延陵等人赴福州,为北京人民大会堂设计窗帘。与石延陵、杨夏林合作巨幅国画《厦鼓风光》,悬挂于北京人民大会堂。

8月底,同杨胜为北京人民大会堂设计德化瓷餐具,赴北京布置福建工艺美术展馆、北京人民大会堂福建厅,后又被调往全国工艺美术展览搞布置工作。周恩来总理以"福建第一"来评价这次展览,毛泽东主席以"福建是有文化的",朱德元帅以"巧夺天工"来评价福建的工艺美术展馆。同时,先生、杨胜等人也受到郭沫若先生的接见。于北京时,聚何凤仪、傅天仇同学,拜访李可染夫妇。于上海遇寿崇德,取道江苏靖江,接母亲孟氏和儿子张群星来厦。

10月中旬,由工艺美术实习工场调回学校,教授国画、工艺造型等课程。

与杨夏林、孔继昭合作连环画《陈三五娘》,与孔继昭编绘的连环画《郑成功收复台湾》彩色条屏十六幅,由福建人民出版社出版。

曾锦德、林生、卢乾向先生学画。

20世纪50年代,晓寒先生与部分鹭潮美术学样教员合影

(前排左起第二人为张晓寒)

1960年庚子,38岁

鼓浪屿康太路新校舍动工建设。夏,至建溪参观。

9月16日,经中共福建省委批准,正式成立厦门工艺美术学院。王耀华任书记,徐峻峰任副院长。学校进行教育改革,设置绘画科、陶瓷美术科、雕塑科、商业美术科、工艺绘画科。厦门艺术学校改为厦门歌舞团。

1961年辛丑,39岁

春节,作《安贫乐道》图,寓意困难时期应有所作为。

4月,带学生去德化实习,了解古窑址的分布情况,对德化瓷的历史、风格演变及烧成工艺等做了深入细

1959年,晓寒先生携作品赴北京参加"全国工艺美术作品展",与郭沫若先生及福建代表团团员合影

(前排左起第一人为张晓寒)

致的考察。

夏,赴古田、建溪参观水库。

顾一尘去世,与张人希、胡资中为他主持治丧事宜。

为郑成功纪念馆创作《郑成功画像》。此图载于1962年2月1日发行的《郑成功收复台湾300周年纪念特刊》。

作《四十画竹胜吃肉》等墨竹图。

中秋,作《苏东坡水调歌头词意图》。

9月,厦门工艺美术学院改为福建工艺美术专科学校。

20世纪50年代,晓寒先生与学生在鼓浪屿
(前排左起第二人为张晓寒)

1962年壬寅,40岁

夏,备战开始,精简人员。学校下放部分教职员工。作品参加厦门市"反美蒋漫画展"。

7月,作《快雨送归舟》扇面。

中秋节,同张人希等人于厦门政协大楼举行书画笔会。

秋季,为提高厦门的美术创作水平,于厦门工人文化宫举办美术讲座。张人希主讲花鸟,曾良奎主讲人物,先生主讲山水。

是年,为了发展福建的木偶剧,数度奔赴泉州、漳州,为晋江提线木偶剧团、布袋木偶剧团、漳州木偶剧团设计制作木偶。

积极筹划并主持"杨胜、曾良奎、丁朝安三人画展",于厦门、漳州及泉州的巡回展出。

"林英仪画展"于泉州、厦门两地展出,结识林英仪。先生常与张人希、

20世纪60年代,晓寒先生于家中

罗丹、许其骏、曾良奎、李其铮、王仲谋、杨夏林聚会。

为厦门市建设局画鼓浪屿风光规划图，为华侨招待所创作国画。与杨夏林合作南普陀寺全景图，与石延陵、杨夏林为鹭江大厦合作巨幅国画厦鼓全景图。

作《干部下放回家图》。

作《天下第一堤》《五老凌霄》《菽庄夜月》《海上春早》《鹭江晨曦》扇面。

1963年癸卯，41岁

于福建工艺美术专科学校陶瓷科从事山水画及墨竹的教学。绘制一整套的教学范图，努力探索在旧的国画形式上用新的内容来反映时代精神。先生这时期画很多墨竹图，并匠心独具地题有短句或诗。作品有《横扫乌云》《任我呼啸》《呼啸风前》《砍去月婆娑，人道是清光更多》《清风明月好舞剑》《干劲冲天》《节节向上》《新生力量》等。

鼓浪屿鸡山路10号鸡山草堂旧居

春节，作《东南帆影迎春潮》。

8月，福建工艺美术专科学校改为福建工艺美术学校。

秋，学校搬迁至鼓浪屿康太路151号新校舍。

学习社会主义教育文件，由于先生的政历问题，学习小组在办公楼专门针对先生开了批评会。

冬，作《柿柑图》，题跋云："柿柑绿后心自红，苦涩酸甜满腹中。摘来窗前为供品，如何枝上再迎风。1963年冬，晓寒作。"唐献瑞自四川宜宾来看望先生，老同学相聚，格外亲切。

1964年甲辰，42岁

于福建工艺美术学校陶瓷科担任山水画课程，创作毛主席诗意图系列二十多幅。按现存的作品资料有"冷眼向洋看世界，热风吹雨洒江天。1964年写毛主席诗句，晓寒"，"大雨落幽燕，白浪滔天。秦皇岛外打鱼船，一片汪洋都不见,知向谁边。1964年春写毛主席北戴河浪淘沙前半阕。晓寒时于厦门"。

春节,作鲁迅先生《破帽遮颜过闹市,漏船载酒泛中流》诗意图。

为王祖训作《饱经风和雨,显得更精神》墨竹图。

冬,学校指令遣送母亲孟氏回原籍靖江老家。

1965年乙巳,43岁

上半年被分配到校办工厂,下车间劳动。

母亲去世。

作《鸡山草堂》。

1966年丙午,44岁

7月7日,从校办工艺厂被揪回学校隔离审查,接受监督管制劳动,无休止的检查、批斗、游街,被冠以莫须有的罪名,住处亦被污为"鸡山黑店"。所作诗画及言论均被冠上黑字进行批判,所有书籍、字画等均被洗劫一空。

被关押在学校内直至隔年的2月,长达八个月才得以回家。

1967年丁未,45岁

1月30日,先生因身心遭受摧残而吐血。后经多次提出请示,才由校内"革命组织"同意放回家中吃住,但每天仍须准时到校接受批判和管制劳动。家庭亦遭受巨大的精神与生活压力。

7月,儿子张群星就先生政历上的中华生产事业互助会、国民党军少校军官派令、田地出租等问题,独自赴杭州浙江省人民政府,靖江老家的公社、大队、生产队取得证明,以谋求先生政历问题的平反昭雪。

10月,于学校印刷室遭受学生殴打。

11月10日,学校校长、书记贴出为先生平反的大字报。后东方红公社通知先生离开劳动监管场所,言给予"解放"。

20世纪60年代,晓寒先生(左一)与杨胜在一起

12月初,"红旗革委会"又勒令先生回校接受监督劳动。因先生回避,致使其多次到家中抓人,其时先生曾至厦门军管会和文教卫平反联络站反映情况。这段时间早出晚归,经常到厦门,避躲于海滨公园,待天黑后回家。遂决定上访北京,以求得自己政历问题的解决。

1968年戊申,46岁

1月8日,就政历问题,离开厦门上访北京中央"文革"接待室。19日抵北京,呈上申诉书提出三个请求:"1.我在'文化大革命'运动前没有戴过任何帽子,要求应得到平反。2.要求对我的政治历史问题,早日给予审查定案;3.要求自己能得到参加在革命运动的学习权利。"中央"文革"接待室的接待人员要求先生回厦门依靠当地军管会,依靠本单位组织和革命组织早日弄清自己的问题,并为此向厦门军管会开了复查介绍证明。

在北京借住后门腊库三十七号原艺专同学何凤仪家,会晤韦江帆、鹿怀宝、张幼培等人。28日离京,往返途经上海时住华山路919号妻妹王振冰家。因病停留上海过春节,于2月上旬返抵厦门。贫病交加,冤不能伸。时厦门武斗正烈。

3月,将中央"文革"接待室的复查介绍信送呈厦门军管会。

3月下旬,学校"红旗革委会"于街上刷出勒令先生滚回学校的大字报和标语,并派人至家中捉人,先生幸得逃脱。至厦门公安局、军管会、文教卫革命司令部陈述事由。

避难住林生、林岑、何丙仲家。于林岑家作《剑阁图》,于何丙仲家作《风雨山居图》及春、夏、秋、冬四幅画屏。

4月5日,返回学校遭毒打。

9月,厦门革委会成立。经批准,才回到学校继续接受监管劳动。

11月中旬,与杨夏林、孔继昭等人再次被隔离审查,反复写"认罪材料"。直至1969年6月,被隔离审查八个多月。

是年,作《柳暗花明又一村》以表达心境。

1969年己酉,47岁

分别于3月间、8月间、12月间做检查交代等所谓认罪材料数十份。

儿子张群星、张潮至永定洪山公社上径大队志和生产队插队务农,女儿西玉至华安插队务农。

作《怀沙图》描写屈原行吟于汨罗江畔。

11月,又被关押于学校,进入学习班反省。

1970年庚戌,48岁

3月2日,一打三反运动时被拘留审查。18日,被冠以"反动学术权威、黑画家、反动党团骨干、国民党特务"等罪名投进厦门凤屿监狱,与音乐家江吼、厦门日报社张锡堃、厦门大学黄典诚同为狱友。

于狱中用草纸作画,内容多以梅花、竹子为题材。

1971年辛亥,49岁

被囚于凤屿狱中。

11月,出狱回学校。

出狱后,由于在狱中长时坐着,两脚风湿,几不能行走,疼痛难忍。在12月12日写给唐献瑞的信中有:"想不到走路还得从头学起"的感慨。

组织上动员"自动退职"。

靠妻子王秀珍在街道缝纫小组做衣服的收入维持生计。

1972年壬子,50岁

福建工艺美术学校被迫下马。

1973年癸丑,51岁

游厦门太平岩。

张力、苏宜尹等人向先生学画。

作《春雨楼头尺八箫》图赠张力。

1974年甲寅,52岁

7月,福建工艺美术学校筹备复办。

9月,学校复办后首届学生入学。

夏,作《竹月山风》。

秋,儿子张潮由永定回厦门,在港务局当搬运工。作《石笑》。

1975年乙卯,53岁

春,与李其铮、黄亚细、叶天枝应卢乾约,作游漳州,为卢乾作《龙江行》。

林小龙、张小梵等人常至家中请教画艺。与林英仪、张人希、张锡堃往来频繁,先生的许多用印均出自张人希、张锡堃之手。

1976年丙辰,54岁

1月8日,周恩来总理逝世。先生同全国人民一样陷入极度悲痛之中,因之作《风雪颂》。

清明节,作《马驼沙上人家》,寄托思念故乡之情。

夏,作《声势飒爽之图》赠陈杰民,作《热风暖浪、海阔天空》赠张尚伟。

1974年,晓寒先生(右一)游厦门万石岩

9月9日,毛泽东主席逝世,创作《于无声处听惊雷》、《山重水复疑无路》等作品。于"无声处听惊雷"一图中题跋:"鲁迅先生诗,丙辰年秋,晓寒写于鼓浪屿鸡山之麓。"后补题:"听风听雨曾时隔几何,已报人间伏虎,七七年元月补题画,赠张晔弟补壁,晓寒并志。"

秋,同林小龙、马应瑞、黄曾恒、曾焕端、叶天枝、卢乾、林生游厦门万石岩、醉仙岩、虎溪岩。归来后作《虎溪月夜》图,"丙辰菊花盛会矣,有劳小龙、小马、小恒引路,与焕端、天枝、茂乾、阿鲁诸弟同攀万石、醉仙诸岩,达此胜境,块垒棱层,实属壮观。晓寒来厦已二十余年,首次得游虎溪,草草写出,日后公园建成,荆莽除尽,巍然景象犹待诸君共写为志"。

为作家黄吟军作《雁门诗意图》。题跋:"下有万年松,上有太古雪。只恐明月中,铁笛吹石裂。丙辰秋暑时于鼓浪屿之鸡山草堂,吟军作家爱雁门诗,晓寒为之插图希正。"

作《剑阁图》(林生收藏)、《木叶天风乱,前山战鬼狐》(张人希收藏)、《小楼话旧图》(卢乾收藏)。

10月，作《万壑松风》赠林英仪。"文化大革命"运动宣告结束。

1977年丁巳，55岁

先生以极大的热情展望国家的美好前景，用欢快的笔调创作了一大批不朽的佳作。

春，作《赏尽高山见流水，唱残白雪值阳春》《解冻图》《惊雷图》《东海潮回月怒明》《盼得好雨甜似油》《柳暗花明又一村》等作品。在《解冻图》中，先生题："坚冰打破航路通，仰东风，仗禹功。山河复苏万古雄，喜看展青葱。"

仲夏，游德化九仙山、戴云山，会门生曾锦德等人。于德化作《一番好雨喜新晴》。

秋，作《金谷笑声爽，地瓜酒也香》《九仙天开眼》。

是年，作《武夷印象》图，题跋："癸巳入闽，一经武夷宫，恍惚印象，转眼已二十有四年。晓寒并志。"

1977年，晓寒先生在德化与学生、老艺人合影
（左起第二人为张晓寒）

1978年戊午，56岁

春，学校首次恢复招生考试制度的新生入学，先生仍在图书馆管理书籍兼卖饭菜票。全国科技大会召开，作《惊雷图》并赋诗："春雷一声万马奔，降龙伏虎雨倾盆。山欢海笑风云会，征帆开处涌朝暾。"并题

1978年，晓寒先生与杨夏林、王仲谋、刘守信游武夷山
（左起：刘守信、王仲谋、张晓寒、杨夏林）

跋："大见成效，第一年早春雷动，红色电波又传来全国科技大会胜利召开佳讯，心潮逐浪，即景成之。"作《浔江渔火》《桃花江上美人多》《春光无限》《山花艳艳笑声多》《迎晓图》《大地回春图》《高洁图》。《大地回春图》题跋："大地春回早，东风满树花。人间传喜讯，山河映彩霞。欢呼五届人大召开，一九七八年大干快上之年，英雄花放候，晓寒于厦门。"《高洁图》题跋："大雪压青松，青松挺且直。要知松高洁，待到雪化时。七八年写陈毅元帅诗于红梅放花之候。咏欣同志清赏指正。晓寒作。"

1979年，于家中同家人合影

夏，作《戴云院》《九仙玉立图》《九仙山气象台》《英雄山》《溪山一派青葱色，忙向人间输用材》等图。

秋，学校开始安排先生从事山水画的教学工作。与杨夏林、王仲谋、刘守信赴武夷山写生。

20世纪70年代，在同安为教育系统师生讲授山水画

此行由厦门赴福州，乘船溯闽江而上，经南平抵武夷山、崇安。归途取道邵武、三明、永安、漳州返回厦门。于福州时会诸学生于潘建秋处，并即席作《闽山夜话图》。于武夷山结识陈建霖、李秀峰，于崇安会晤老学生邱允爱。归厦门后，在1979年至1980年间，先后创作了《大王峰》《玉女峰》《天心禅院》《水帘洞》《鼓山松涛》《大藏峰》《壁立万仞》作品，尤以《大王峰》《壁立万仞》为代表作。同时亦作《武夷棹歌》《大王峰歌》《玉女峰诗》等一批诗词。在《大王峰》一图中，先生题诗并跋："天下一顶大帽峰，巍然又名大王峰。加之大帽大王号，磕在武夷灵秀钟。若见此峰胆应怯，更闻其名毛发松。传是太上旧丹鼎，炼出金晴坠九重。大圣神威壮霄汉，犹存遗迹照眼红。林江冒

牌造飞帽,血滴中原好威风。赛过此峰千万顷,到头落得几凄虫。十年浩劫空绝代,却报人间掣毒龙。九曲流长仍可筏,丹山碧水动游踪。岩茶苦口回甘味,无限风光在险峰。来仰霹雳横空势,放笔写出金芙蓉。武夷大王峰,一名大帽峰,晓寒入闽曾经宫前匆匆而过,又念有二十五年始得一游,即景成诗,写于文化浩劫之后。"

1979 年己未,57 岁

春,作《渭城曲》《鼓浪烟雨》《山歌唱遍小溪头》。作《柳暗花明又一村》赠福州王西萍。

5 月 23 日,福建工艺美术学校召开落实党的政策纠偏平反大会,为先生平反。

9 月 17 日,赴上海参加轻工部组织的所属中等专业学校教学大纲(工艺美术类)编写工作会议。携带山水画课徒稿及山水画作品十余幅参加讨论。于上海逗留半个月,参观了工艺美展、上海工艺美术学校、上海博物馆、静安寺、豫园。其间亦赴苏州游玩紫金庵、寒山寺、留园、虎丘等名胜。于上海会国立艺专同窗好友卜忠汉,晤申石伽、应野平、许经、诏森,看望妻妹王振冰一家。

10 月 3 日,抵无锡,孟尔波、钱建华、黄介艺等人陪同游太湖、鼋头渚、锡惠公园等名胜。参观泥人研究所。

10 月 5 日,中秋节,于钱建华家赏月作画。

10 月 6 日,抵南京,参观江苏省美展、孔庙、雕刻厂及泥人厂。访庞声隆、阮恩慈、李婉。先生在日记中有"已三十余年未见"(李婉)的记述,可见其同窗之情。九日离南京抵黄山。于黄山时,由前山登山,先后宿温泉、玉屏楼、光明顶气象台、北海,历时九天,得写生稿五十八帧。归来后作《人字瀑》《黄山图》等作品。除上述作品外,先生又作《黄山积翠》《黄山天都峰》《三十六峰飞翠寒》等图,并作诗数首。《人字瀑》落款:"己未之秋,晓寒自黄山归来后写。"《黄山图》题诗:"翻开墨海拨云海,万顷松涛涤和霾。满目奇峰压顶势,河山激荡震心怀。"《黄山积翠》题诗:"铺开苍翠色,写出景崔峨。且仰青云上,天风发浩歌。"

10 月 20 日,离黄山抵杭州,游西湖。晤黄云山、洪世清。10 月 23 日,溯新安江抵梅城,访老友寿崇德,临别作《梅城访友图》相赠。10 月 26 日,经兰溪到金华,与洪世川游双龙冰壶洞。《梅城访友图》题跋:"黄山归来未解渴,为贪一醉过富春。弟守山居藏高洁,兄坐海隅一闲身。三十余年情谊在,斑斑白发话梅城。己未新秋下黄山,来新安江畔访崇德夫妇,欢聚数日,长安好梦犹在目前,灯下捉笔以志永念。晓寒。"先生回厦后改题画诗:"一九七八年于梅城寿子处:黄山归来未解渴,为思一醉过富春。新安江上寻兄弟,严子滩头会故人。君守山居藏洁癖,我于海隅当闲身。二三十年曾虚度,白发斑斑话梅城。"

儿子张群星由永定迁回厦门。

12月31日,当选为福建工艺美术学校工会主席。

1980年庚申,58岁

2月16日至27日,《张晓寒、林英仪画展》于厦门文化馆展出。此次展出先生作品33幅,作品题材以八闽风光及古诗意为主,展品洋溢着八闽大地的乡土气息与诗情画意。

3月1日至15日,画展巡回于泉州文化馆展出。

4月30日,被邀请为中国人民政治协商会议福建省厦门市第五届委员会委员。

春,作《壁立万仞》《水帘洞》《鸟语娇九曲,竹树醉千峰》。与淳于晓辉认识而成知交。

夏,赴福州参加福建省工艺美术学会第一届第二次理事会。并作《鹭江烟雨花木深》《晃岩朝晖热风畅怀》为贺。作《海上明珠》。

1980年晓寒先生与学生林生、卢乾合影于"张晓寒、林英仪画展"展厅

9月17日,当选为厦门市鼓浪屿区第九届人民代表大会代表。

秋,画家方君璧来厦,与孔继昭等人为之接待。

1981年辛酉,59岁

春,作画及诗赠淳于晓辉。题跋:"为谢将军一片石,摩婆光泽照心田。

朝朝托案鱼涵水,夜夜凭窗鹤在天。东海月明增黛色,闽峤冬暖发青烟。唯恐开匣龙飞去,正苦新诗未着边。淳于政委赠松鹤鸣月砚励我业勤,试句图成,一并请正。1981年新春将临,晓寒时于厦门。"为戴礼舜作《心潮逐浪》。

3月,《福建画报》刊登马力先生撰写的《尺幅丹青鉴古今》一文,对先生的人品与画品给予高度的评价,同时登载《壁立万仞》《雪景图》《剑阁图》等作品。

黄永玉来厦,聚于鼓浪屿笔架山下杨夏林家中。同张人希等人陪同黄永玉游万石岩。

4月,《福建工艺美术》以"晓寒画选"为题,介绍先生的小传与画作。

赴福州出席福建省科学技术协会第二次代表大会。于福州晤淳于晓辉、周哲文、潘建秋、马力及省工艺美术研究所的校友。登乌山、于山并于鼓山风景区管理处小住数日写生。

5月4日,赴霞浦,客黄翔处。应霞浦文化馆之请,前去讲学。10日,登福鼎太姥山。宿白云古寺十余日,得画稿四十帧,并作《太姥警幻图》《太姥素装》《一片瓦》《九鲤朝天》《回望太姥顶摩霄》《十八罗汉朝太姥》等图及题太姥警幻诗:"人往幻中去,我从

1980年初夏,赴福州参加福建省工艺美术学会第一届第二次理事会时游鼓山

(左起:张晓寒、佚名、王西萍、林素娟、陈梅英、徐斌、潘建秋)

20世纪80年代初合影

(前排左起:林金定、黄敏、张晓寒、孔继昭、唐云、罗丹、张人希、林英仪。二排左起:胡德灿、吴伟程、杨夏林、王仲谋、郑景贤、林岑、白磊。三排左起:佚名、高振碧、秦长安、佚名、卢乾、黄亚细、陈茂盛)

幻里来。烟霞沾满袖,醉眼犹未开"等数首。先生归来后曾作太姥半山寺纪游诗及《题太姥山香山寺图》《题太姥覆鼎峰电视台》等诗。《太姥半山诗》:"登太姥,路迢迢。朝发秦屿口,中午抵山腰。才到国兴寺,已是命半条。十八罗汉始露首,丛林深处汗全消。素斋得一饱,清泉饮一瓢。老僧直指前程路,青云有梯慢慢跑。"《太姥香山寺图》:"青崖走白鹿,幽谷卧神牛。云涌天桥路,雄风接上头。一九八一年春登闽东太姥山,自一片瓦绕道香山寺,攀天桥直上覆鼎主峰。奇峰怪石,步虚脚底,此身如游梦中。一九八二年追记是图,晓寒写于厦门鹭江之上,又志。"并作《太姥山口》《犀牛望月》《九鲤朝天》等图。

1981年晓寒先生游太姥山

(前排右起:张晓寒、施永平、潘道祺,后排右起:黄翔、林良丰)

5月22日,于福鼎文化馆讲学后赴瑞安看望久别的外甥黄步扬。29日,经温州抵雁荡山写生。先后宿响岭头、灵峰、灵岩。每日搜奇探胜数十里路,于雁荡山十三天得画稿二十二帧。归厦后作《雁荡观瀑亭》等画。

6月10日,取道温州,溯瓯江、龙泉溪,经青田、丽水、龙泉,于12日抵浦城。浦城乃先生1953年入闽所经道路,于浦城时,看望了陈文绣等人并游西岩寺。17日,经建阳、崇安抵武夷山。先后宿九曲宾馆、妙高山庄、武夷山旅游招待所。于崇安看望了邱允爱。六月的武夷,暑气逼人。先生跋涉山北,登大王、天游诸峰,得稿甚多,于妙高山庄遇雷雨,直爽心田。归来后作《银流直泻九曲》并题跋:"一九八一年新夏,于武夷妙高山庄,盼得好雨,诸岩挂瀑,银流直泻九曲溪,的是壮观。为图又志。晓寒画于厦门。"

7月初,由崇安经邵武返厦门,结束长达七十天的游历。此行有门生林良丰随同。

夏,厦门工艺美术学会成立,被聘为顾问。

8月1日,加入中国美术家协会。

9月,《中国书画》第九期登载作品《戴云院》。

10月,赴武夷山参加福建省工艺美术学会年会。

11月13日,应福州市国画研究会邀请,与杨夏林、张人希、林英仪、王仲谋、孔继昭在福建美术馆举办《中国画联展》。福建日报特此做了题为"鹭岛艺苑之花——厦门六画家中国画联展"作品选登的专版介绍。

是年初,为了厦门大学建校60周年庆典,同林生、卢乾合作巨幅国画厦大全景图《热风涌翠耀东南》。历时一个多月完成。

1982年壬戌,60岁

1月1日,元旦,应邀赴三明市举办"张晓寒画展",于三明青少年宫讲学、作画。

1月24日,刘海粟来厦,先生与张人希等人拜访刘海粟于厦门宾馆。

2月,被评为厦门市一九八一年度教育系统先进工作者。作《雨中山似醉,码头人正忙》。

3月21日,出席厦门文联第五次文代会。当选厦门文联第五届委员会委员,代表美协于文代会上做发言。

3月24日,经南昌、九江前往武汉,参观全国工艺美术品展览会。后由武汉溯流而上,游大、小三峡,做四川写生行旅。

20世纪80年周扬先生来厦时合影

1982年,晓寒先生在厦门美术家协会成立大会上发言

4月10日,抵万县。至重庆访问四川美院及西南师院会晤国立艺专老同学。过成都游杜甫草堂,会晤美协、美术馆诸同行。(归厦后,先生作过杜甫草堂诗:"何处寻草堂,浣花溪上乱唧唧。……黄茅换取园林美。竟成歌舞场,忘却诗人曾断肠。")二十日抵峨眉山,于山上住十五天,山下春光烂漫,山上积雪未消。在山上几乎一半时间为管理人员作画(作《万年寺》《金顶积雪》等画)。

1982年,厦门市美术工作者协会成立大会合影

5月初,游乐山。9日抵宜宾,会晤唐献瑞夫妇,并作诗、作画《画斋叙旧图》《宜宾三江口》《峨眉夜月》赠与。其题《画斋叙旧图》:"何堪回首四十年,风雨潇潇犹昨天。故地重游相慰藉,巴山蜀水意绵绵。壬戌新夏来宜宾,欣会献瑞兄嫂,欢聚之乐,借此笔岂能表达。"题宜宾三江口风光图:"峨眉山月照春江,送我宜宾入酒乡。万里来寻老兄弟,一饮能抵万千场。"12日抵四川兴文石林,19日经赤水河抵贵阳,于22日抵达广西桂林,游漓江、阳溯,月底抵广州。

1982年晓寒先生在庆祝福建工艺美术学校建校30周年大会上致词

6月初,由广州游汕头礐石后返厦。下旬,同林良丰、林锦璋赴泉州、青阳、安海。于泉州同吴加川、张子锵、黄向荣、何士扬、陈容等人雨中登清源山,拜谒弘一大师塔。晤黄达德。于安海游安平桥并为张子锵作《安平桥图》及题"楼外楼"匾额。

当选为福建省科协工艺美术学会第一届常务理事。

先生从四川回厦门后,于农工民主党厦门市委做川中见闻报告,并创作了一大批川中行旅作品,如《峨眉雪艳》《峡江千里》《三峡星火影动摇》《巫山渡口》《山城晓市雾初开》、《滩声脚底,雾里人家》《赤水河》《人间路有潼关险》等,于作品中,每每署款川中纪游或晓寒四十年后重游蜀中、又来蜀中等款识。

中秋节前,作《度尽劫波兄弟在,相逢一笑泯恩仇》,并题跋:"廖承志同志致蒋氏书后有用鲁迅此句。1982年中秋在望,写其意兼怀台湾骨肉兄弟。张晓寒作于鹭江之上并志。"

10月3日,厦门市美术工作者协会成立,当选为厦门市美术工作者协会主席。

11月11日,福建工艺美术学校建校三十周年校庆,作为筹委会副秘书长,积极筹划校庆的活动,主持厦门校友会的成立及厦门地区校友展品的布置。张仃、郑可、潘洁滋等人前来参加校庆活动。

是年,《福建书画家》由长城出版社出版,内载"国画家张晓寒"予以介绍。冬季,为了福建工艺美术学校的建设向省二轻厅提出许多建设性的意见。

1983年癸亥,61岁

春,应厦门南普陀寺方丈妙湛大和尚之请,作《南普陀寺全景图》。题跋:"云开五老千峰壮,水跃九龙四海平。癸亥年新春,红梅放花之候,写嘉禾第一名刹于鹭江之上,晓寒。"

作《延平故垒》。

1月,主持黄羲画展及黄羲国画艺术座谈会。主持赖少其书画展并撰《读赖少其同志的画》一文。

2月,沈柔坚来厦,陪同游南普陀寺。主持北京画院中国画在厦门的展览。

3月,在厦门市第八届人民代表大会上,当选为福建省第六届人民代表大会代表。

4月,赴福州出席福建省第六届人民代表大会第一次会议。郑重提出《关于复办福建工艺美术学院的提案》,在提案中疾呼为振兴福建的工艺美术,当务之急必须重视教育、培养人才。

5月,作品参加贵州、福建美协联合举办的"福建中国画展览"(于贵阳科学文化堂展出)。

6月,撰写《山水画构图的几个问题》一文。

6月13日,李可染、刘凌沧二先生应福建工艺美术学校职称评定小组之请,为先生的艺术造诣做了评定。李可染先生评价:"张云松同志是中国美术家协会会员,过去就学于重庆国立艺专,成绩优良,传统功力深,经过几十年教学创作实践,有新的追求,自成面貌,发表的作品受到社会上的好评。根据现有的水平,我认为可以评为教授或副教授,上述意见供你们评定职称时参考。"刘凌沧先生评价："张云松同志的山水功力极深,写生能力极为熟练,构图处理具有概括能力,为目前绘画界极为需要的人才,同意评为副教授。"

是月,主持叶尚青画展。

7月,朱丹偕夫人来厦小住,与先生交往频繁。

8月,主持厦门市美协中青年会员山水画作品展览、郑捷克水彩画展,并亲为题签。

9月,筹划中国民主同盟漳、泉、厦盟员美术作品展览会。出席厦门文联中秋晚会,认识古琴演奏家李禹贤,并作《海上明月共潮生》一图赠他。

10月7日,离厦门取道上海,前往西安出席全国中专教材编写会议。先后参观大雁塔、秦始皇陵兵马俑、碑林、霍去病墓及茂陵、乾陵等名胜古迹。中旬,离西安经兰州,出嘉峪关抵柳泉,过戈壁滩上敦煌,于敦煌宿千佛洞,朝拜了艺术的圣地,观摩了伟大的壁画艺术。晤艺专同学段文杰。下旬,由敦煌返西安时,登西岳华山,于山上留宿四日,作速写稿数十帧。在华山时作《清音图》赠玉溪真人,题款："下华山过玉泉院访玉溪真人,听抚琴,山水清音不绝于耳。癸亥初冬,晓寒四十年后又来关中为志。"

1983年晓寒先生参加编写全国工艺美术中等学校山水画教材,于西安大雁塔前留影

20世纪80年代初晓寒先生于鸡山草堂

11月初,离西安,返厦途中先后登中岳嵩山、少林寺,于郑州参观二七大罢工纪念馆、郑州博物馆(晤国立四中老同学张宝才),于南昌参观八一起

义纪念馆、八大山人纪念馆青云谱。登庐山。

敦煌归来后,作《河西走廊所见》《太华聚仙台》《太华青柯坪》等作品。

《中国画》发表作品《壁立万仞》。

1984年甲子,62岁

1月,出席鼓浪屿区第九届人民代表大会第四次会议。厦门大学书画研究会成立,作《鼓浪观潮图》以示祝贺。

3月1日,带山水画专修班学生廖毅林、曾连端、虞新建、林金强赴闽西、闽北写生,林良丰随行。同时应龙岩地区群艺馆的邀请,携带作品六十余幅进行讲学和画展。由厦门抵漳平,宿王犁虹处,并为其作《水暖春江好放舟》。

3月3日,抵龙岩,参观苏家坡毛泽东旧居、古田会议会址和纪念馆、龙岩革命烈士纪念碑等,于龙津河两岸写生。

3月7日,"张晓寒画展"于龙岩群众艺术馆展出。之后,分别于龙岩工人文化宫、龙岩群众艺术馆举行山水画基础、山水画欣赏的专题讲座,影响巨大。

3月10日至20日,随同龙岩

1984年,晓寒先生带领学生赴闽西体验生活,于上杭苏家坡毛泽东旧居前合影

(右起第三人为张晓寒)

1984年,晓寒先生于福建龙岩讲学

地区省人大代表团赴福州出席福建省六届人大第二次会议。

于龙岩时宿张钟华处。分别作《登高山图》《华山图》《春眠不觉晓》《霜叶红于二月花》《竹图》《笛声月朗》《最难风雨故人来》等,赠龙岩工人文化宫及诸校友。

3月23日,由龙岩抵长汀。瞻仰瞿秋白纪念碑,参观长汀博物馆、文庙,并赴望江楼、卧龙山、金山寺、朝斗岩写生。应长汀文化馆馆长兰世明的请求,于文化馆举办了画展及讲学。在长汀期间,先生专程前往江西瑞金,瞻仰了叶坪、沙洲坝、革命纪念馆。

3月29日,抵宁化,参观三宫堂、黄慎读书处、革命纪念馆,应邀于文化馆举办山水画讲座。

4月1日,抵建宁,举办画展,参观革命纪念馆,写生于樱桃岩。

4月4日,抵泰宁,考察明代建筑群,游李家岩。应邀于文化馆举办画展及讲学。

4月6日,经邵武抵武夷山,于武夷山二十天,放筏九曲,登大王峰、天游峰、寻胜云窝、山北、桃源洞、虎啸岩、一线天等。或会友谈艺,或搜奇探胜,并作画赠九曲宾馆。

1984年晓寒先生在南平写生

晓寒先生现场挥毫

4月26日,抵建阳。29日抵南平。于九峰山、溪源庵写生。

4月,《美术史论》第三期以蔡清枝撰写的文章"晓寒先生的山水画"为题,介绍了先生的人品与艺术成就,并附画家小传。同时于封二及彩页刊登了《遥望太姥顶摩霄》《太姥卧牛寺》《海上生明月》等作品。

5月2日,由南平返厦门。为林良丰《雁石铁索桥》题诗:"龙津河上水滔滔,铁索横空锁怒蛟。五十三年春不老,漫天花雨常潇潇。"

6月,主持厦门美术家协会选送全国第六届美展作品的评选及组织工作。

10月,"全国第六届美术作品展中国画展"于南京展出。因此赴南京、北京。于南京晤国立艺专同学马松芷,聚唐献瑞。由南京返靖江老家看望亲朋故友。

11月3日,出席鼓浪屿区第十届人民代表大会第一次会议。主持厦门国际机场壁画布置的规划并于11月20日,向厦门市委宣传部送呈《关于厦门国际机场候机楼壁画问题的请示报告》。

12月,出席厦门市农工民主党第六次代表大会,当选为农工民主党厦门市委常务委员。为谭南周诗集《江上集》题诗。

年底,赵朴初先生亲自函请为《全国宗教界赞助残疾人福利事业募集书画纪念册》作画,先生作《南普陀寺》一图以应。为学生廖毅林题"枕涛书屋"横匾。

是年,厦门大学筹备成立艺术教育学院,为之出谋献策,各方

1986年晓寒先生在厦门画院成立会上
(左起第二人为张晓寒)

1987年4月,晓寒先生带病参加"百尺素绢悼先烈"活动,并在现场挥毫作画

奔走。

1985年乙丑,63岁

1月20日至26日,先生赴平和出席福建美协二届四次理事扩大会,并特地赴南靖看望学生曾连端。

4月25日,取道福州,于5月3日赴山东济南出席中国美协第四次会员代表大会。福建代表团有丁仃（团长）、李硕卿、郑乃珖、林以友、林俊龙、张自生、廖国宁和先生一行八人。

5月6日,会议于南郊宾馆召开,刘开渠主持会议,吴作人致开幕词,华君武做了题为"团结奋发,开创美术事业的新局面"的工作报告。10日,会议闭幕。

经厦门市鼓浪屿区第十届人民代表大会常务委员会第三次会议决定,先生被聘请为鼓浪屿区人大常委会城市建设委员会委员。

1987年,晓寒先生于厦门老年大学教授山水画课

（右起：本如、张晓寒、传石、李冰）

1987年,晓寒先生于鼓浪屿厦门第二医院

（右起：林良丰、晓寒夫人、黄步扬、张晓寒、缪宝谦、张西玉、佚名）

6月,应厦门日报社之请,与吴伟程赴北京李可染先生处请先生为《厦门日报》改版题写"厦门经济特区报",访中国美术家协会,会晤华君武、黄永玉。应聘为龙岩市职工心源画社顾问。

7月21日至25日,赴光泽出席福建省美术家协会第三次会员代表大会,再次当选为常务理事。主持"厦门、深圳特区美术联展"。

9月10日,被厦门市政府授予荣誉教师称号。

10月,赴福州出席福建省第六届人民代表大会第四次会议。主持"叶尚青画展"。

11月,为旅外华侨淑潘绘制鼓浪屿风景册页十幅。绘有《市声到海迷江雾,花气涨天成彩云》《古避暑洞》《笔架山》《热风暖浪,海阔天空》《海色晴看雨,江声夜听潮》《晃岩朝晖》《英雄山下唱渔歌》《廿四桥明月夜,玉人何处教吹箫》《鼓浪洞天,鹭江第一》。

12月,赴龙岩矿区讲学、写生。

是年,先生屡次赴漳平大理石厂,主持厦门国际机场壁画装饰的制作。多次上书福建省人大、省纪检及有关部门陈述办校办学见解及反映问题。

晓寒先生于鼓浪屿第二医院

1986年丙寅,64岁

1月20日,福建教育画院于福州成立,先生被聘请为画院画师。中旬,因胃穿孔住进鼓浪屿第二医院,开刀后经检查为胃癌晚期。厦门市有关领导及好友、学生极为关注,有关医务专家会诊并制定积极治疗措施。

1998年,张晓寒美术研究会筹备组成员在厦门溪岸路91号留影

4月,参加厦门市美学会第三届年会暨厦门十大名景研讨会。

8月,因放射治疗住进厦门第一医院,于医院病房中仍带病作画,绘有《晓来谁使枫林醉》《虎啸龙吟月正明》等作品。为林良丰、吴建生、尤希明国画展题签"三人国画展"。

11月,出席音乐家江吼先生七十寿辰茶话会,作画为贺,题诗:"人生七十古来稀,华发琳琅花满溪。潇洒风前独玉立,尚堪打鼓作人梯。"

12月2日,在陈照寰及先生的推动和主持下,厦门画院成立,被聘为画院画师。

中旬,再度赴龙岩矿区讲学。

厦门市花、市树、市鸟定名,作《万紫千红白鹭飞》并赋诗:"万紫千红三角梅,凤凰花开迎朝晖。风光独数东南好,玉鹭临风正起飞。"

冬,应南普陀寺方丈妙湛大和尚之请,作《鼓浪洞天鹭江第一》赠新加坡佛教总会。

1987 年丁卯,65 岁

作《吴门六月犹寒,雨在江南何处》。

2月,正式退休。

3月,应厦门老年大学的邀请,至该校担任国画班的山水画课程。作教学用示范图数十幅。为南平唐善忠作册页并题诗:"家居剑浦源头,枕得三溪细流。常共扁舟一叶,心随天地沙鸥。"题签"枕流书屋集锦,丁卯春晓寒题"。

4月5日,带病参加厦门市团市委举行的"百尺素绢悼先烈"书画活动,并现场挥毫作画。

5月,工人画家"陈伟堂画展"于厦门工人文化宫展出,先生亲自为其题签并主持开幕式。

5月31日,在厦门中山公园为"张仲则画展"主持开幕式。

6月,为门生林良丰赴南平画展题签。《青年博览》封底刊登"张云松国画作品选登"作品三幅并由晨力撰文介绍。

8月,在先生和厦门市文化馆馆长郭秀治的主持与努力下,《厦门书画》由鹭江出版社出版,荟萃了厦门书画界近年来所出现的优秀作品。

9月27日,被聘为厦门残疾人福利基金会残疾人艺术协会艺术顾问,并为协会成立作画祝贺。为王仲谋赴三明画展撰写前言。

10月,带病参加厦门青少年美育中心成立典礼。

11月8日,因病情恶化,再度住进鼓浪屿第二医院接受治疗。

先生住院后,南普陀方丈妙湛大和尚特请中修老法师由本如法师陪同,每日至医院为先生针灸、按摩。女儿张西玉、外甥黄步扬夫妇亦专程由香港、瑞安来厦探视病情。厦门市党政领导及有关人士亦多次前往医院探视。

12月30日,由厦门第二医院郭再生主任医师主刀,为先生做晚期胃癌残胃空肠粘连梗阻分离手术。手术前后,作"刀山火海饱经过,剖腹开胸老运通。尚盼人间留两日,余丝吐尽始轻松"及"一晃人间也过来,堪回首处欣开怀。数悲换骨胎难换,适喜涤胸腹也开。手脚尚沉还支撑,头颅尚不算痴呆。容我闭门闲作画,此生素愿也了哉"等诗词。

1988年戊辰,66岁

1月中旬,农历十二月初四日,于第二医院病房做六十六寿辰,先生亲属及诸位门生参加。作感怀诗:"我爱生辰自作庆,知心几个一痛饮。惭愧父母遗此身,永保天真守本性。"题旧画赠叶君伟、郭再生医师,重题《桃花江上美人多》一图赠林良丰。

1月21日,作《病中忆故地》诗:"我本雁塔一沙弥,混迹人间几十年。地狱无门钻不进,青云有路懒朝天。朝朝海上拾贝壳,夜夜潮音扣心弦。为托归鸿西北去,慈恩寺上多盘旋。"

2月16日,除夕夜,作《除夕良丰送来梅花作伴》诗:"一岁将除一岁增,病房久卧一闲身。医院也得山林趣,插上梅花便过年。"

在病房中,先生不教一日闲过。除研读大量书籍外,亦审定林良丰抄录整理的《晓寒诗词》,同时作诗十几首。如:

《病中望窗外鸿雁又过》:"云外天高雁引地,平沙万里余霞飞。如今自笑毛尽脱,犹恋寒塘旧石矶。"

《重题安贫乐道》:"安贫乐道谈何易,岁月峥嵘直到今。留得劫灰照肝胆,依然乐道更安贫。"

《补九仙山歌》:"七仙山、八仙山、九仙山,三山本属姐妹三。武夷阿姆携入闽,三山扶育戴云间。戴云缥缈作罗裳,戴云舒展护春寒。几番风霜拨苦竹,一片冰雪吐建兰。姐妹长成却分手,各领山头自结庵。七仙北游依雁荡,八仙过海去台湾。丢下九仙在深谷,孤峰突兀守家园。姐妹往来常聚会,三山鼎足系东南。一自海峡风波起,从此戴云聚会难。九仙山顶天尺五,朝朝东望魂梦牵。名山古寺余佳话,镜台寂寞已多年。兜率犹存仙履迹,海眼直通姐妹潭。姐妹潭映阿里山,八仙照影应孤单。神州已回春消息,茫茫海峡岂无边。闽越阿里遥相望,东海潮回情谊牵。七仙隔山苦问讯,八仙隔水几时还?阿里山、雁荡山、武夷山,唐山气脉根缠绵。风景独数东南好,宝光高照九仙山。盼得长桥架海上,戴云飞舞彩虹鲜。唐山美景从头唱,好迎姐妹归团圆。金瓯无缺更壮观,武夷阿姆笑开颜。"

2月24日,在病情稍有好转的情况下,坚持出院。先生回住家中后,依然关心着福建工艺美术学校的各方面建设、厦门市美术家协会的换届筹备工作,并为厦门老年大学的学员修改山水画作业。这期间,先生每日聆听佛教音乐及柴可夫斯基的钢琴曲,阅读《金刚经》及《八指头陀诗文集》《陆放翁诗集》,亦作画及课徒稿十余帧。

4月中旬,病情开始恶化,依然在病床上为前来求教的学生指导、讲评画作。下旬,为老年大学学员李冰修改《晴江塔影》《千年古刹南普陀》图。

作《风雨山居图》及《粗笔武夷山水》,此为先生最后画作。

4月30日,为友人题写"青绿居"匾额。

5月2日,病情急剧恶化。

5月3日晨,住进厦门第二医院外科,此时先生已无法言语。

5月4日,处弥留状态。下午五时三十五分,先生停止了呼吸,走完了生命的坎坷历程。至此时中国画坛上的一颗星陨落了。

5月7日,下午三时三十分,遗体于厦门殡仪馆火化。遗骨先后奉安于厦门南普陀寺善信墓塔、鼓浪屿西麓、厦门天马山中华永久墓园。

先生去世后,中国美协等数十个单位发来了唁电、唁函并送了花圈,数百位先生生前好友,各地学生送了花圈并参加了追悼会,对先生的去世寄以深切的哀悼。

5月17日,《厦门日报》以"正直、勤奋、朴实的艺术家——张晓寒先生"为题,刊登了吴伟程先生撰写的纪念文章,再次表达了社会各界对先生的崇敬与哀悼之情。

年底,厦门电视台拍摄了由林良丰、朱子辉撰稿的《笔系八闽山水》专题片,介绍先生的绘画艺术,并先后于厦门电视台、福建电视台播出。

(撰文:林良丰)

后　记

两年前,我们在筹划百年云松——纪念张晓寒先生一百周年诞辰系列活动时,提出编辑出版以"我与张晓寒"为主题一书的构想,试图在继《张晓寒纪念文集》出版之后,通过厦门市各界与张晓寒先生有接触人士的亲历、亲见、亲闻(合称"三亲")经历,讲述著名画家、美术与工艺美术教育家张晓寒先生的为人、为艺、为师的各个生活与工作片断,宏观地展现张晓寒先生的人品与画品,从而折射出他们那一代艺术家的家国情怀与无私奉献的精神,为厦门文化艺术史的充盈,留存一份不可多得的宝贵史料。

在厦门市政协、思明区政协和厦门市张晓寒美术研究会的指导下,我们遴选了与张晓寒先生有过亲密接触的部分人士进行采访,他们如今年龄最大的有94岁,最小的也已经60岁,追忆与先生的相处,情景依然鲜活,并不因岁月的流逝而淡忘。

这是一部"三亲"的口述史,记录张晓寒先生南来厦门工作与生活,直至去世的历史画卷。有赖于许武扬、谢晓婉、叶子申等同仁利用自己的休息时间,登门采访每位口述者,并进行文字记录与整理。经过艰辛的劳作,终于呈现一份沉甸甸的历史文化档案。

感谢为此书的圆满出版而积极协作的组织者、口述者、采访者、记录者和整理者,以及所有的工作人员,感恩有你们。

林良丰

2023年10月29日于辛缘书屋